景観を読み解くことで地の理を学ぶ ①

カナダ・ロッキー山脈における氷河地形と観光(2014年9月，菊地俊夫撮影)
ジャスパー国立公園には，アサバスカ氷河などいくつもの氷河が点在し，カールやモレーンの雄大な氷河地形を間近で観察できる。それらは重要な観光資源になっている。

鹿児島県・桜島の火山地形とジオパーク観光(2017年11月，菊地俊夫撮影)
北岳と南岳の2つが合体してできた火山の活動は，現在，南岳が中心となっている。火山は人々に恐怖や災害をもたらすが，桜島大根や温泉や観光などの恩恵をもたらしている。

オーストラリア・ケアンズ周辺における熱帯雨林(2006年7月，菊地俊夫撮影)
キュランダの熱帯雨林は世界自然遺産に登録されている。高温多湿の環境はユーカリを中心とする植生だけでなく，多くの昆虫や動物の生息地を提供している。

東京大都市近郊における八国山の里山(2019年12月，菊地俊夫撮影)
落葉広葉樹の森は多様な生物を育み，薪炭林や堆肥用の落葉採取の森として維持されてきた。しかし，エネルギー革命や化学肥料の普及により里山機能は低下し，里山保全が重要になっている。

ベルギー・ブルッヘの都市景観とツーリズム(2012年8月，菊地俊夫撮影)
運河によって北海とつながる水運で発展した街は，ハンザ同盟都市として栄え，そのような中世の都市景観を現在に伝えている。旧市街は世界文化遺産にも登録されている。

飛騨高山における都市景観とツーリズム(2014年9月，菊地俊夫撮影)
江戸時代の城下町と商家町の景観を残す町並みは，人々の生活文化も伝統となって現在に伝えられている。「古い町並み」は，国指定重要伝統的建造物群保存地区になっている。

マレーシア・キャメロンハイランドにおける茶の生産地域(2013年3月，菊地俊夫撮影)
高原の温暖湿潤な気候を利用して，輸出用の紅茶に加工する茶が大規模なプランテーションで
栽培されている。茶摘み作業には多くの外国人労働者が雇用されている。

福岡県八女地域における茶の生産地域(2007年10月，菊地俊夫撮影)
霧の発生しやすい気候は玉露などの高級茶の生産に適しているが，夜間に冷え込む気候は霜害の
危険もある。そのため，防霜ファンを多く設置し，地表の温度低下を防いでいる。

地の理の学び方

地域のさまざまな見方・考え方

はじめに

　地理を学んだり教えたりする際に，人が最初に必ず思うことは，「地理とは何か」，あるいは「地理で何を学ぶのか」という問いである。多分，多くは高校までの学びを思い出し，山の名前を覚えたり川の名前を覚えたり，あるいは地域の産業や特産物を言い当てたりすることが地理と誤解して答えるかもしれない。しかし，地理学は決して地名や地域の特産物などを言い当てたり覚えたりすることではない。また，地理学には地形や気候などの自然的な事象から，文化や社会や産業などの人文的な事象までが含まれており，地理学の本質を一言で説明することが難しい。しかし，さまざまな分野に共通する本質は，「地」の「理」を「学」ぶことにあることは確かである。「地」の「理」，すなわち地表で起こっているさまざまな現象や事象，たとえば土地の高低や降水の多少，人口の集中分散や土地利用の拡大縮小などの現象や事象の秩序や法則性，あるいは因果関係を考え学ぶことが地理学であり，地名や産物を覚えたりすることは決して地理学ではない。本書をまとめるに際して，「地」の「理」を「学」ぶことが地理学の本質に違いないと考え，本書のタイトルも「地」の「理」の「学」び方とした。

　私が「地」の「理」を「学」ぶことにこだわるようになったのは，大学や大学院でさまざまな先生から地理学の見方・考え方の教えを受けたことが契機となっている。いろいろな先生の地理学の見方・考え方はそれぞれユニークで感銘を受けるものであり，大いに参考になるものであった。しかし，それぞれの地理学の見方・考え方は大きく異なることもあれば，両極に位置づけられることも少なくなかった。多分，百人の地理学者がいれば百通りの地理学の見方・考え方があるかもしれない。ただし，「地」の「理」を「学」ぶという基本的な姿勢は共通した地理学の見方・考え方となっており，そのような共通理念に基づいて見方・考え方にバリエーションが生じていた。そうであるならば，さまざまな地理学者の，あるいはさまざまな地理学の分野にある研究者の「地」の「理」の「学」び方を知りたいという思いが沸々と沸き上がり，それが本書をまとめる大きな動機となった。幸いなことに，現在，私が勤務している東京都立大学都市環境学部には地理環境科学科や観光科学科があり，自然地理学や人文地理学など多くの

分野の代表的な地理学者が研究教育に従事しているだけでなく，それらの教室の卒業生も全国の大学の地理学の研究者として活躍している。そのような地理学者や私が卒業した筑波大学の地理学者の協力を得ることで，さまざまな分野や立場の地理学者の「地」の「理」の「学」び方を本書にまとめることができた。

本書の「地」の「理」の「学」び方は地域のさまざまな見方・考え方を示すもので，地理の勉強や研究に関わる全ての人に参考になるだろう。「地」の「理」の「学」び方を体系的に整理するために，本書は大きく4つのパートに分けられている。1つ目は自然地理学のパートであり，地形や気候，そして土壌や水環境に基づく「地」の「理」の「学」び方であり，地域の見方・考え方である。2つ目は人文地理学で，特に系統地理学（特定のテーマに基づく地理学）に主眼を置いたパートである。都市地理学や農業・農村地理学，そして文化地理学や空間的思考，観光地理学などからの「地」の「理」の「学」び方になる。3つ目は地域地理学（特定の地域を取り上げて総合的に分析据える地理学）に主眼を置いたパートであり，カナダやヨーロッパ，そしてオーストラリアや中国などさまざまな地域の地誌的な見方・考え方を通じて，「地」の「理」の「学」び方を理解することになる。最後のパートは，「地」の「理」の新しい「学」び方に関するものが取り上げられている。GISやGPSの活用や新しい地図の見方・考え方，および地域振興への応用などに関連した「地」の「理」の「学」び方が示されている。

以上に述べたさまざまな「地」の「理」の「学」び方は，読者それぞれの「地」の「理」の「学」び方を見出すための一助となるだろう。そのため，本書はどこから読み始めても「地」の「理」の「学」び方を知ることができる構成になっている。4つのパートのうち興味のあるパートから，あるいは興味のある章から読み進めることができるし，理解を深めようと思うパートや章を重点的に読むこともできる。また，本書のもう1つの大きな特徴は，個々の分野に関連した「地」の「理」を「学」び方や地域の見方・考え方をさらに詳しく理解するために，読むべき書籍が各章の最後に示されている。

それでは，本書を読み進め，読者自身の「地」の「理」の「学」び方を探してみよう。

2021年3月1日
桜のつぼみが膨らみはじめた南大沢にて
菊地俊夫

地の理の学び方
地域のさまざまな見方・考え方

目次

1章 地形からの地域の見方・考え方

鈴木　毅彦

1 地形の学びの背景と方法

　地形を学ぶというのはどういうことであろうか。答えはさまざまあり，日本列島の白地図に代表的な山脈を図示できる知識を得ることもその1つかもしれない。あるいは等高線だけをみて，どのような地形が広がっているかを類推する能力を身につけることも答えの1つであろう。このような知識・スキルは，小・中学校の社会科・地理で学ぶことが要請されていると思われる。後者の例について日本人成人のどの程度が身につけているかは分からないが，前者については一般常識としてある程度の知識を誰もが持っているであろう。奥羽山脈や飛騨山脈の大体の位置はほとんどの人が白地図に落とすことができると思われる。立山，槍ヶ岳・穂高と飛騨山脈を結びつけ，位置だけでなく，風景・雰囲気を思い浮かべることができる人も多いであろう。地形を学ぶことの入口は，このあたりと思う。

　では，さらに深く学ぶとはどういうことか。地形学では，地球表面の形の記述からはじまり，その成因や歴史的な形成過程に迫る。これを機械的に進めると退屈な学問かもしれない。しかし，現実の風景，例えば槍ヶ岳周辺の地形は急峻で，山頂付近は樹木もまばらで岸壁だらけとか，その風景をみてなにかしらの感情がわき，なぜそんな奇跡的な地形ができたのだろうか，と疑問がわいた段階で地形学に面白さが加わる。その理由をああでもない，こうでもないと考え，現地で確かめたり，地質図をみてそこの地形の成りたちのからくりを理解して納得するのである。こうした一連のプロセスが地形学の基本となろう。また，地形から洪水の可能性があるか，崖崩れの危険性がどの程度であるか，こうした判断を地形学的知識に基づき行ない，自然災害から身を守ることができる。このような実学的な点も地形学の特徴であろう。

　ところで，地形にはさまざまなスケールのものがある。1,000分の1の地図でしか表現できない小さな地形（微地形）から，地球儀スケールでようやく全貌

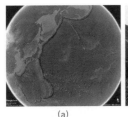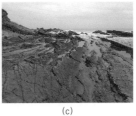

(a) (b) (c)

図1 さまざまなスケールの地形
(a) 西太平洋に伸びる5,000 km以上の海溝地形(Google Earthによる),
(b) 飛驒山脈, 槍沢(氷河により形成された地形)からみた槍ヶ岳(1994年8月鈴木撮影),
(c) 千葉県犬吠埼付近にみられる組織地形, 傾いた砂岩・泥岩互層(白亜紀の堆積岩)の侵食
に対する強弱により凹凸が形成された(2020年1月筆者撮影)。

を捉えることができる地形(大地形)まである(図1)。これらを分け隔てなく,
各スケールの地形の成因・形成過程を明らかにすることが地形学の目的である。
地形を理解するキーワードは, 物質(地形を作っているもの)・時間・営力(地
形にはたらく作用)である。これを前提に, 空中写真から地形図, 最近ではデ
ジタルの標高データで地形を把握し, 現地で地形を構成する堆積物や岩石を確
かめ, よく知られた類似の地形と比較して地形を理解するのである。

2 地形を学ぶ研究事例:関東平野北部

　地形からの地域の見方・考え方を学ぶには, 実際の地形をみるのがよい。栃
木県宇都宮市周辺は関東平野北部に位置し, 周囲には低地, 台地(段丘), 丘陵
地形が発達する(図2)。宇都宮市の中心部の東側を南流するのが鬼怒川であり,
その左岸(東岸)には宝積寺台地と呼ばれる段丘地形が発達する。台地上には,
元々は畑や宮内庁が管理する御料牧場が広がるが, 近年では工業団地や住宅地
もみられる。さらにその東側には水田の広がる五行川沿いの低地帯, さらに北
東側には森や畑, ゴルフ場のある喜連川丘陵が広がる。鬼怒川沿いの低地帯の
西側には宇都宮の市街地を乗せる何段かの段丘がみられ, またその間には宇都
宮丘陵が発達する。いずれも地形と土地利用形態に密接な関係がある。
　宇都宮市の中心部はJR宇都宮駅周辺と東武宇都宮駅周辺の2つからなり,
両地域の間には田川とそれに沿う低地などが発達する。JR宇都宮駅と東武宇
都宮駅西側付近には台地が広がり, 前者は田原面, 後者は宝木面と呼ばれる河

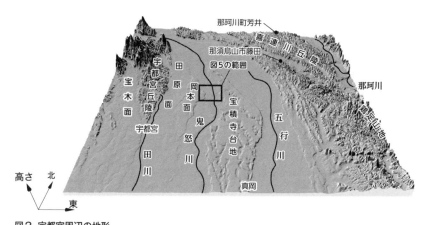

図2 宇都宮周辺の地形
(地理院地図の3D機能により作成，約31km四方の範囲を高さ9倍で強調)

成（河岸）段丘でもある[1]。河成段丘はかつての河床面であり，川が運搬した堆積物や侵食により形成された平坦な地形である。このような地形ができた後に川が侵食力を増加させて下刻が進むと，平坦な地形が取り残されて河成段丘になる。下刻が開始して段丘地形が出現することを段丘化と呼ぶ。

　田原面と宝木面はともに河成段丘であるが，段丘化した時代が異なる。標高はわずかに宝木面の方が高い。複数の段丘が接するとき，相対的に高位の段丘ほどより古い時代に形成されたものである。したがって宝木面の方が田原面より古いことが予想されるが，このことはこれらの段丘を覆う関東ローム層（図3）からも確かめられている。

　関東ローム層は関東地方の段丘や丘陵を被覆する地層で，火山噴火により降下堆積した火山灰，軽石，スコリアや，黄砂や河床から舞い上がった砂埃など風により運ばれた雑多なものからなる。段丘化した場所ではこうした降下物がそのまま降りつもるので長年かけて徐々に堆積し，関東ローム層となる。宇都宮市の風上側には浅間や榛名，赤城，日光といった火山が存在し，これらからもたらされた軽石やスコリアがこの地域の関東ローム層に多く挟まれる。その代表格は鹿沼軽石である（図3(a)）。この軽石の正式な名称は赤城鹿沼テフラ（Ag-KP）とされ，その名前からわかるように赤城火山から5〜4万年前の大噴火でもたらされたものである。別名鹿沼土とも呼ばれるこの軽石は園芸土としてよく知られ，鹿沼から宇都宮にかけては約1mの厚さで地下に存在する。

8

| (a) | (b) |

図3 宇都宮周辺の関東ローム層
 (a) 関東ローム層中の鹿沼軽石(宇都宮市上欠町，1992年6月筆者撮影)，
 (b) 喜連川丘陵を覆う関東ローム層(那珂川町芳井，1993年4月筆者撮影)

　ただし，鹿沼軽石は宇都宮付近ならどこの地下にもあるわけではなく，河成段丘からなる台地であれば，5〜4万年前にすでに段丘化していた地域に限られる。実は宝木面の地下には鹿沼軽石が存在するが，田原面の地下では関東ローム層自体が薄く，鹿沼軽石が存在しない。これは田原面の段丘化の年代が鹿沼軽石の降下以降で，おおよそ3〜2万年前であるためである。関東ローム層から段丘化の年代がわかるのである。

　日本の地形学の特徴は，このような段丘化のタイミングを軽石や火山灰を駆使した方法(火山灰編年学)で徹底的に調べあげたことにある。段丘地形の研究と軽石・火山灰の研究は同時進行的に進み，過去約50年間に体系的に明らかにされ，日本各地の河成段丘の段丘化年代が解明されてきた。その結果，日本の河成段丘の段丘化のタイミング，さらには河川沿いでの堆積が，地域や流域が異なってもおおよそは一斉におきていることが判明した。かつて河成段丘の形成には地域毎の地殻変動が深く関わるとされていた。しかし，各地の段丘形成過程に類似性があることから，河川の振る舞いを支配する共通の要因があることが示唆される。現在，それは氷期・間氷期サイクル(図4)と考えられており，万年単位で変化する地球規模の気候変動が正体である。

　河成段丘ができる直接の原因は川の下刻作用であるが，下刻作用が増大する理由には複数ある。理由の1つとして，河川自体の侵食作用の増大，例えば流量が多くなることがあげられる。日本列島周辺では，台風の襲来頻度の増加や前線の活発化により洪水時の流量の増大が予想できる。このような環境は間氷期に出現する。現在は後氷期と呼ばれ，間氷期的な気候が過去7,000年間

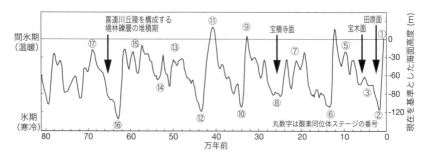

図4 過去約80万年間の氷期・間氷期サイクル(海面変動)と宇都宮周辺の地形の関係
（文献[2]をもとに最終氷期最盛期の海面高度を-115mとして作成）

以上継続してきた。また，下流側では，氷期に気候の寒冷化により海面が低下（陸上での大陸氷河の拡大により海水が少なくなる氷河性海面変動が原因）することにより陸域が拡大して侵食が促される。このように河川の振る舞いには，大局的には降水量の多寡や氷河性海面変動を支配する氷期・間氷期サイクル（図4）が重要な役割を果たしている。

　地球規模の気候変動から，宇都宮というローカルな地域の地形を説明することができる。宝木面や田原面は，約6万年前から2万年前にかけての最終氷期と呼ばれる現在よりも寒冷な時期の河川の名残である。当時は現在よりも海面は低く，また降水量は少なかったと考えられている。このため下流では侵食（下刻），上流で堆積傾向にあったため，現在の河川にくらべて急な河川の縦断形をもっていた。ところが，氷期が終わり後氷期に移りかけた1万年前頃より降水量が増え，河川の中流〜上流部では侵食（下刻）傾向となり，かつての河床面は段丘化した。それが宝木面や田原面であり，侵食傾向にある河川沿いには低地が形成された。つまり，宇都宮市街地を乗せる宝木面や田原面の台地は氷期の化石ともいえる地形であり，現在の鬼怒川沿いの低地はその後の気候の温暖化（最近の人為的な地球温暖化ではないことに注意）の産物である。

　ところで，宝木面より高位の段丘に宝積寺面（宝積寺台地の一部）があり，さらに高位に喜連川丘陵がある（図2）。喜連川丘陵は，元々は那珂川が堆積させた境林礫層がつくる河成段丘であり，侵食により丘陵化した地形である。喜連川丘陵には国内最古のローム層が厚く分布する（図3(b)）。宝積寺面と喜連川丘陵についても火山灰編年学から年代が明らかにされ，それぞれ30〜20万年前，70〜60万年前の氷期に形成されたものと考えられている[1]。

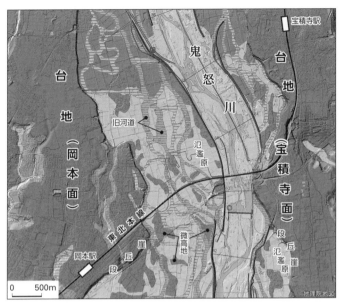

図5 東北本線鬼怒川橋梁付近の治水地形分類図更新版（地理院地図に加筆）

③ 地形と自然災害：低地

　宇都宮付近の段丘地形を通じて，万年単位の地球規模の気候変動と地域的な地形の関係をみてきた。このようにいうと地形の変化はゆっくりしてあまり変化がないとの印象を受けるかもしれない。しかし前にも述べたように，地形には大小のスケールがあり，小さなスケールに着目すると人間の時間感覚のなかでも絶えず地形変化がおきていることがわかり，その変化が自然災害の形で人間に影響を与える。特に河川沿いや海岸沿いの低地や，丘陵・山地など斜面が卓越するところで顕著である。ここでは低地沿いの微地形と丘陵斜面に着目する。

　図5は国土地理院が公開している治水地形分類図更新版で，JR宇都宮駅の北東約9km，東北本線鬼怒川橋梁付近のものである。付近は鬼怒川沿いに幅2km以下で低地が広がり，両側は台地に挟まれる。低地と台地が接する段丘崖の高さは10m以上あり，鬼怒川が洪水により水位を上げても台地上に達することはほぼない。台地面上には浅い谷と呼ばれるやや低い場所があり，こうしたところでは浸水のおそれはあるが，鬼怒川の氾濫とは直接関係ない。しか

(a)　　　　　　　　　　　　　　　　　　(b)

図6　自然災害に関わる地形の変化
(a) 関東・東北豪雨で形成されたおっぽり（常総市本石下，2016年3月筆者撮影），
(b) 東北地方太平洋沖地震時に喜連川丘陵で発生した斜面崩壊
（那須烏山市藤田，2011年12月筆者撮影）

し，低地の部分は，現在河川敷と堤防で仕切られているものの標高自体は河川敷とあまり変わらず，堤防の決壊や越水により鬼怒川の水をかぶる可能性がある。このように，低地は人工的につくられた堤防のおかげで通常は水をかぶることはないが，堤防がない自然の状態では水位が上昇すれば自然に川が流れるような地形である。

　このような低地での潜在的な水害の可能性を知る上，で治水地形分類図は活用できる。詳細にみると同じ低地でも，旧河道や氾濫原，微高地などの微地形でさらに細かく区分できる。その標高の違いは数ｍ程度以内であることもあるが，小さな違いでも水害の被害程度の差に影響を与える。治水地形分類図での微地形の区分方法は必ずしも地形学的用法，とくに成因についてはあまり考慮されていないが，このように防災という点では役立つ。

　ところで，鬼怒川は上流域に急峻な山地をもち，これまで「暴れ川」として何度も水害が発生してきた。記憶に新しいところでは，「平成27年9月関東・東北豪雨」（2015年）による下流の常総市付近での氾濫があげられよう。筆者は図5付近も含めて実際に堤防が決壊した常総市付近の治水地形分類図の作成に関わり，空中写真や標高データにより微地形を判読した。水害の発生する何年か前のことであるが，発災後，決壊地点で溢れた水が地面を削り「おっぽり」（図6(a)）と呼ばれる凹地が形成されたり，土砂が堆積するなど微地形の変化を確認し，決壊前の微地形との関連性を強く感じた。微地形の判読が将来の災害予測に役立つことを知らされた。

4 地形と自然災害：地震時に崩壊したローム層

　図2の地域には明瞭な活断層もなく，火山からもやや離れている。また内陸部で津波の心配もない。地盤も比較的よく，水害を除けば国内の他地域に比べると自然災害のリスクは少ないと思われる。しかし，2011年3月の東北地方太平洋沖地震（東日本大震災）の際には震度6程度の揺れにみまわれ，喜連川丘陵から宝積寺台地において多数の地点で斜面が崩壊した。段丘化してから20万年以上の時間が経過した地形は，層厚10m以上の厚いローム層に覆われ，これらが崩壊したのである。崩壊箇所は宝積寺台地の場合は周囲を取り囲む段丘崖や谷壁斜面に限られるが，喜連川丘陵では斜面が広く発達するため，多くの箇所で崩壊が生じた（図6（b））。

　ローム層中はところどころ風化が進み，ハロイサイトと呼ばれる粘土が形成されている。この様な部位をすべり面として崩壊が発生するメカニズムが考えられている。北関東では1949年の今市地震の際に日光市内で同様なローム層の崩壊が発生した。また，最近では熊本地震（2016年）や北海道胆振東部地震（2018年）で同様な崩壊が発生して人的被害が生じた。とくに後者の例では勾配が小さい斜面であるにもかかわらず，広範囲で想像以上に非常に多くの場所で崩壊が発生した。日本各地にはローム層の厚い地域が多くある。同様な斜面災害を軽減するためには地形と表層地質に注意することが必要である。

参考文献

1) 貝塚爽平・小池一之・遠藤邦彦・山崎晴雄・鈴木毅彦編（2000）：「日本の地形4　関東・伊豆小笠原」東京大学出版会.

2) Bassinot, F. C., Labeyrie, L. D., Vincent, E., Quidelleur, X., Shackleton, N. J. and Lancelot, Y. (1994): The astronomical theory of climate and the age of the Brunhes - Matsuyama magnetic reversal. Earth and Planetary Science Review 126: 91-108.

地形からの地域の見方・考え方をさらに深める一冊

　貝塚爽平・太田陽子・小疇　尚・小池一之・野上道男・町田　洋・米倉伸之・久保純子・鈴木毅彦（2019）：「写真と図でみる地形学　増補新装版」東京大学出版会.

2章 気候からの地域の見方・考え方

松本　淳

1 「気候」の学びの背景と方法

　「気候」は，大気現象が作り出す環境要素で，地形や水，植生など他の自然環境とは違って，直接目でみることはできない抽象的な概念である。しかし，「気候風土」などともいわれるように，地表面のあらゆる現象に気候は影響を与えている。なかでも植物は，その場所の温度環境や乾湿環境に強く制約されて生育しており，気候の影響を受けた景観，すなわち気候景観として，間接的に目に見える形で気候を表現している。

　ドイツの気候学者ケッペンは，世界の植生分布を説明すべく，月平均気温と降水量とを組み合わせた指標によって，世界の気候区分図を作成した。植物を直接利用する生産活動である農業をはじめ，人間活動は，気候の強い影響のもとで営まれており，気候環境の理解は，地理学で大変に重要である。しかしながら，ケッペンの気候区分での境界線は，月平均気温などの気候要素の等値線にすぎず，厳密には大気現象としての気候の不連続性を示すものではない。このため，気候の地域的差異の理解を，植生などの地表面現象をもとにした気候区分の手法は，経験的気候区分もしくは静的気候区分とよばれる。

　他方，刻一刻と変化する大気の流れは，大気の運動をもたらす主要なエネルギー源である太陽からの放射加熱と地球からの放射冷却のバランスから生じる，地球上の各地点での放射エネルギー収支を背景とした地球規模での大規模な大気の流れ，すなわち大気大循環として理解できる。太陽系の惑星としての地球は，太陽のまわりを1年周期で周回する公転面に対し，1日周期で地球自身が自転する自転軸（地軸）がおよそ23.4度傾いていることから，各地点での放射収支は，この2つの時間スケールで周期的に変化する。前者によっては春夏秋冬の季節変化が，後者によっては昼夜の日変化が生じる。

　ほぼ球体である地球の表面では，1年を平均すると南北半球の緯度およそ35度を境として，それよりも赤道側では，放射エネルギー収支は正，極側で

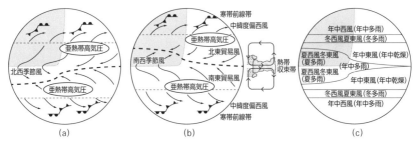

**図1 地球の大気大循環システムとその季節移動によって生じる気候の地域性についての模式図.
アミをかけた部分は模式的な大陸.**
(a) 北半球の冬の状態　(b) 北半球の夏の状態
(c) 大気大循環の季節移動により生じる地球上の風系と季節による多雨域の状態.

は負となり，緯度による違いが生じる．熱帯・温帯・寒帯といった緯度圏による温度環境の違いはこうして生まれる．この極域と赤道域の放射エネルギーの不均衡を解消すべく，地球上の大気と海洋は，大気大循環・海洋大循環とよばれる惑星規模での運動を起こし，低緯度から高緯度に熱を運ぶ．赤道付近で加熱された大気は，上昇気流となり，熱帯収束帯とよばれる地域に大量の降雨をもたらす．上昇した空気は，亜熱帯地方へと移動して下降気流に転じ，亜熱帯高気圧を作って乾燥気候を作り出す．1日約24時間での地球の自転は，地球自転による角運動量に大きな緯度差をもたらすため，ハドレー循環とよばれるこのような鉛直方向での対流活動は，低緯度地方でしか起こらない．中・高緯度地方では，日本付近の日々の天気図にみられるような，温帯低気圧と移動性高気圧とが交互に交替する水平波動が卓越して熱を南北に輸送するロスビー体制となり，それらの大気循環システムが太陽加熱の季節変化に対応して，冬と夏とで南北に季節移動をする（図1）．これによって，低緯度から中緯度地域にかけては，ハドレー循環とロスビー体制の季節的南北移動により，雨季と乾季が出現する．このような大気循環システムに内在する不連続性に着目した気候区分の手法を，動的気候区分という．

　具体的な地域における気候は，各地域の海陸分布，地形などの影響を受け，図1に示した状態とは違った地域的特徴を示す．以下では，日本を含む東アジア地域を事例として，グローバルな大気循環システムと地域的な大気循環システムが作り出す気候の地域的特徴について説明する．

2 「気候」から地域をみる研究事例としての日本と東アジアのモンスーン

　図1に示した地球規模での大気循環システムを乱す大きな要因は，海陸分布と大陸上の大規模な山岳地形である。世界最大の大陸であるユーラシア大陸と，最大の大洋である太平洋に挟まれ，最大の大規模地形であるチベット高原の東方に位置する日本列島は，大規模な海陸分布や地形の影響を大きく受ける。このため，日本では，夏と冬とで卓越する風向がほぼ反転するモンスーンすなわち季節風気候となることが，日本の気候の特徴とされている。

　しかし，グローバルスケールでみたモンスーン気候は，本来は図1に示した熱帯収束帯の季節的南北移動に伴って生じる雨季と乾季，および東西方向での卓越風向の交替によって生じるもので，このようなモンスーン気候の出現は，本来は熱帯地域に限られる。熱帯域での大陸が小さい北アメリカ大陸には出現しない。

　他方で季節的にロスビー体制とハドレー循環が交替する緯度帯には，原理的には亜熱帯モンスーン気候が生じうる。しかし，ハドレー体制下では通常高低気圧の交替が頻繁に生じるために，季節的に一定の風向が卓越する風系は生じにくい。夏季にはハドレー循環の下降域にあたる亜熱帯高気圧の支配下に入るため，降水量が少なくなる地中海性気候がその典型となる。全般に夏季に降水量が多い日本の気候の説明としては，実は図1はそぐわない。

　日本およびその周辺の，東アジアにおいて夏季の降水をもたらす主要な大気システムは，ハドレー体制の北限に位置する梅雨前線帯と秋雨前線帯，および熱帯収束帯付近で発生して北上して，中緯度偏西風帯までやってくる熱帯擾乱の台風である。なかでも梅雨前線帯は，チベット高原の東縁にあるという地形的条件もあって，世界的にみても停滞性がきわめて強い特異な前線帯である。

　梅雨前線帯は，5月中旬頃に，東南アジアでの夏のモンスーン季の開始と共に，南シナ海北部から台湾，沖縄，小笠原近海に現われはじめる。この頃は本州付近に影響を与えることは少なく，初夏の晴天が広がる快適な季節となる。6月上・中旬には，太平洋高気圧の季節的な北上に伴い，梅雨前線帯は，中国の長江流域から日本列島の南岸に沿う地域へと北上し（図2(a)），中国ではMei-yü（梅雨），韓国ではChang-ma（長霖），日本でBai-u（梅雨）とよばれ

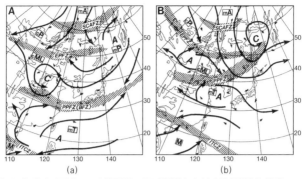

図2 東アジアにおける1979年の (a) 梅雨季，(b) 盛夏季における前線帯と気流系
　太い帯状の斜線域は主要な前線帯・収束帯を示す.
　ITCZ：熱帯収束帯，PPPF：太平洋寒帯前線帯，BFZ：梅雨前線帯，EPFZ：ユーラシア寒帯前線帯，SCAFZ：シベリア・カナダ北極前線帯．四角で囲まれた英文字は主要な気団を示す.
　M：モンスーン気団，mT：海洋性熱帯気団，cML：大陸性中緯度気団，mP：海洋性寒帯気団，cP：大陸性寒帯気団，mA：海洋性北極気団，A：高気圧の中心，C：低気圧の中心
　(Matsumoto, 1985)[1]

る雨季となる。天文学的な太陽高度の季節変化では，最大の日照があるはずの時期に，日本の太平洋岸の多くの地域では日照が極小となる特異な季節である。しかし，世界的には多くの研究者が「東アジアモンスーン」とよぶこの雨季は，先に述べた熱帯モンスーン気候とは違い，ロスビー体制での中緯度偏西風帯の前線・低気圧システムがもたらす降雨によるものである。図2(a)に示すように，前線に沿う風は西〜南西風で，冬の北西季節風との風向の違いは，それほど大きくはない。また最近の気象衛星等による降雨観測によれば，中緯度での典型的な温帯低気圧に伴う前線の北側での降雨よりは，前線の南側で特に強い熱帯的な雨が降ることが特徴で，この点でも特異な前線帯である。日本列島上では，特に九州から西日本にかけての地域で降雨が多くもたらされ，中部日本から東北地方南部にかけては，主に日本海側の地域での雨が多くなる。

　例年7月中・下旬には，さらなる太平洋高気圧の北上・強化を受けて，高気圧北縁にある前線帯は北海道以北に北上し，またその活動も停滞性も弱くなる。盛夏期におけるこの前線帯の位置は，東アジアにおけるハドレー循環システム，あるいは亜熱帯モンスーン地域としての東アジアモンスーンの北限を意味する重要なものである。図2(b)は1979年の例を示したものである。他の年の前線帯の季節推移をみても，おおむね平均的状態とみられるが，年による差も大きい。中国では，華北地方の雨季の原因となっており，日本でも北海道では8月

〜９月にかけての降水量が，一般にそれ以前の月よりも多くなっている。なお，図2bの日本列島付近の風系が，必ずしも南東風でない点にも注意してほしい。日本の夏の季節風は，決して南東風ではなく，また太平洋高気圧起源の南東風が，太平洋の沿岸地域に多くの降水をもたらすこともない。

3 「気候」から地域をみる研究事例としての北海道の豪雨

　日本列島の最北端に位置する北海道は，前節に述べたように，６月から７月にかけての本州以南での梅雨季に梅雨前線帯の影響を受けることが少なく，本州以南での５月の初夏のような温度状態に加え，緯度が高いことによる日中時間が長いこともあいまって，ヨーロッパ地域における夏のように，快適な季節となる。他方で「蝦夷梅雨」という言葉もあり，北海道でも，室蘭周辺などの南東部では，局地的に梅雨季に降水量が多い地域もみられる。

　北海道への台風の接近数も，気象庁の統計では年平均1.6個程度で（https://www.data.jma.go.jp/fcd/yoho/typhoon/statistics/accession/hokkaido.html），本州以南に比べると格段に少ない。ただし近年では2016年のように５つもの台風が接近し被害をもたらした年もあり，過去にも1981年の台風12号・15号による石狩川の洪水，1954年の台風15号（洞爺丸台風）による大規模な倒木被害など，台風被害に無縁な地域ではない。

　このような北海道における日降水量100ミリを超える豪雨発生頻度を，地点ごとに調べてみた（図3(a)）。その結果，年平均で１回を超える豪雨多発生地域が，日高山脈，胆振山地の南〜南東部・石狩山地南東部・渡島半島中部の山間部に，局地的にみられた。一方広域的には，おおむね0.1〜0.2回，すなわち５〜10年に１回程度である地域が広く，豪雨発生は一般に少なかった。

　各地点での豪雨発生日の天気図を観察し，豪雨をもたらした原因となったとみられる天気図上の擾乱を台風，温帯低気圧，前線に分けて判別して地点別に集計し，半数以上の豪雨発生原因を，その地点での主要な豪雨発生原因とした分布を，図3(b)に示した。本図より，北海道の多くの地域では，温帯低気圧による豪雨発生が多く，石狩平野などでは台風，日本海側の留萌地方から天塩山地にかけては前線による発生が多いことが読み取れる。図3(a)に示した豪雨多発生地域は，ほぼ全てが温帯低気圧による豪雨発生域にあたっている。さらに

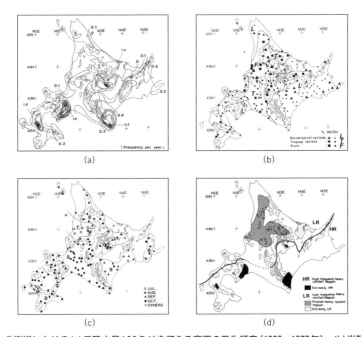

図3　北海道における(a)日降水量100ミリを超える豪雨の発生頻度（1953〜1977年），(b)半数以上の豪雨の発生原因となった天気図上の擾乱．L：温帯低気圧，T：台風（2日以内に温帯低気圧となったものを含む），F：前線，(c)豪雨発生の最頻月，(d)豪雨発生からみた北海道の地域区分．HR：豪雨発生地域，LR：豪雨寡発生地域，黒：年平均1回以上の発生がある豪雨多発生域，斜線：前線による豪雨多発生域，アミ：豪雨非発生地域，太線：豪雨多発生域が生じる可能性のある地域の北限（点線は不明確な境界）．（松本1985）[2]

　地点別に1年のなかで，もっとも多くの豪雨が発生した月の分布を図3(c)に示した。豪雨発生最頻月は8月の地点が多く，次いで9月，7月にも多い。7月の多発域は，図3(b)に示した前線による多発域に，8月の多発域は台風による多発域との対応が良い。このような北海道における豪雨の発生状況を，図3(d)に示す地域区分図にまとめた。図中にある豪雨多発生域は，北海道における主要な地形の影響と，豪雨の原因となる温帯低気圧・熱帯低気圧の風向との関係から，道内の主要な山脈の東〜南東に局地的に分布している。また，前線の影響で豪雨が発生する可能性が高い地域は，中北部の日本海側から内陸部にかけての地域に限られる。全般に，オホーツク海沿岸地域は豪雨発生が少ない。北海道では稀な現象である豪雨に着目することによって，地形という地域的要因に支配された局地的な気候特性を抽出することができた。将来の気候変化により，これらの特徴がどう変化するか興味深い。

4 降水量の季節変化に着目した日本の「気候」の地域的な特徴

　日本の気候は，以上に述べた主に暖候季の降水現象のほか，冬にはユーラシア大陸上で，世界最強の高気圧として発達するシベリア高気圧からの北西季節風を受け，日本海側を中心に大量の積雪をもたらす降水季がある。すなわち，日本の季節は，冬の季節風，梅雨，秋雨・台風の３つの降水が多い季節と，それに挟まれ相対的に晴天が卓越する春，盛夏，秋を加えた６つの季節があることになる。

　日本では３節でデータを用いた区内観測所が1978年に廃止となり，以後はアメダス観測所における自動観測に引き継がれ，稠密な降水量データが入手できるようになった。そこで1979〜2000年の期間の平年値が存在するアメダス観測所994地点において，降水量の通年半旬別平年値を取り出し，各地点での年合計降水量に対する降水量比を求めた。ついで73半旬降水量比の値を各地点の要素として，Ward法によるクラスター分析を行って，各地点の降水量の年変化に着目したグループ分けを行った。その結果，日本列島における降水量の平均的な年変化は，７つのまとまった地域に区分することができた（図４）。７地域それぞれにおいて地点平均した降水量比の季節推移パターンを図４のグラフ(A)〜(F)に，またそれらの地域分布を図４の地図に示した。各地域の特徴を，以下に述べる。

A) 北日本日本海側：8〜9月に降水のピークがあり，梅雨季の極大や盛夏期の極小はない。大まかには2〜6月の少雨季と7〜1月の多雨季となる。

B) 北日本太平洋側：8〜9月に降水のピークがあり，1年周期が卓越するなどAと類似点は多い．冬季の降水は少なく，梅雨季や盛夏季は不明瞭である。

C) 中部日本日本海側：6〜7月の梅雨季，9月の秋雨季，11〜2月の冬季という3つのピークが存在する。降水量は入梅前に最小，梅雨季に最大になる。

D) 中部日本太平洋側：6〜7月の梅雨季と9月の秋雨季のピークがあり，秋雨季のピークが梅雨季と同程度かやや大きい。冬季の降水極小が顕著である。

E) 内陸・瀬戸内：梅雨季のピークは秋雨季よりかなり大きく，その間の盛夏季の極小が顕著である。

F) 南日本（九州西部）：梅雨季のピークが非常に大きい一方，秋雨季のピークはほとんどみられない。

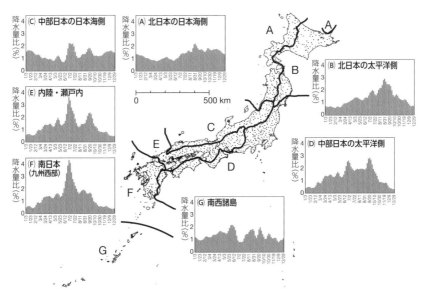

図4 クラスター分析で区分された日本の7地域別に平均した
降水量比の季節推移(A)〜(F)と各地域の分布 (井上・松本, 2005) [3]

G) 南西諸島：梅雨季のピークは6月上旬，盛夏季の極小が7月前半と他地域より早い。8月下旬・9月下旬にもピークがある。

　冬の日本海側の多降水が起こる地域，梅雨季・秋雨季の区別が不明瞭で，降水量の季節推移からは，盛夏季がはっきりとはみられず，上に記した6つの季節がやや不明瞭となる北日本，特に盛夏季に降水量が少なくなる瀬戸内・内陸地方，本州とは，季節推移が異なる南西諸島の気候が区別された。日本列島における，降水量の季節変化による気候特性の地域的特徴が示された。

参考文献
1) Matsumoto, J. (1985)：Precipitation distribution and frontal zones over East Asia in the summer of 1979. Bull. Dept. Geogr. Univ. Tokyo 17: 45-61.
2) 松本　淳(1985)：北海道の豪雨, 地学雑誌 94: 181-193.
3) 井上知栄・松本　淳 (2005)：降水量の季節推移パターンからみた日本の気候区分, 日本地理学会発表要旨集 67: 77.

気候からの地域の見方・考え方をさらに深める一冊
　日下博幸(2013)：「学んでみると気候学はおもしろい」ベレ出版.

3章 土壌からの地域の見方・考え方

渡邊　眞紀子

1 ジオデルマ「地球の皮膚」

　地大陸の地殻の厚さが30kmであるのに対して，土壌は1m以下であることから土壌はジオデルマ（Geoderma）＝地球の皮膚と称される。地球の陸域を覆うこの薄層が，地球・地域のさまざまな人間－自然生態系の成立を保証している。土壌は固有の構造体として存在している。

　図1は，土壌の塊を樹脂で固めて薄くスライスして得られる薄片試料を顕微鏡でみたものである。

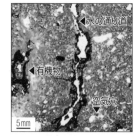

図1　土壌の構造

粒子と隙間が不均質に並んでいて，水の通り道や物質が貯留されるような場所がある。土壌は，固体，液体，気体の三相から成る多孔質体である。その隙間に酸素や二酸化炭素などの気体と水を貯蔵し，大気とのガス交換を行い，鉱物粒子から溶出するカリウム，カルシウム，マグネシウム，ナトリウムのほかアンモニウム，リン酸など生物に必要な養分を微小粒子の表面で保持し，貯蔵と供給の循環を

表1　世界の土壌（分類体系と名称の対応）

分布のタイプ （支配的因子）	米国農務省 Soil Taxonomy Soil Orders		WRB 世界資源照合基準 Soil Groups	該当する従来の土壌名もしくは 慣用されている名称
非成帯土壌 （時間）	エンティソル	Entisols	レプトソル, フルビソル, アレノソル, レゴソル	沖積土, 砂漠土, 岩屑土, 非固結岩屑土, 未熟土, グライ土
間帯土壌 （地下水・母材）	ヒストソル	Histosols	ヒストソル	泥炭土
	アンディソル	Andisols	アンドソル	黒ボク土, 火山灰土
	バーティソル	Vertisols	バーティソル	レグール土, 熱帯黒色土
成帯土壌 （気候・植生）	ジェリソル	Gelisols	クリオソル	永久凍土, ツンドラ土
	アリディソル	Aridisols	カルシソル, ジプシソル, デュリソル, ソロンチャク, ソロネッツ	塩類化土壌, アルカリ土
	アルフィソル	Alfisols	ルビソル, リキシソル, ニティソル	テラロッサ, テラローシャ, レス, 黄土
	モリソル	Mollisols	チェルノーゼム, カスタノーゼム, ファエオゼム	チェルノーゼム, 栗色土, プレーリー土, パンパ土
	スポドゾル	Spodosols	ポドゾル	ポドゾル
	アルティソル	Ultisols	アリソル, アクリソル, ニティソル	赤黄色土, 赤褐色ラテライト性土
	オキシソル	Oxisols	フェラルソル	ラトソル

担っている。微細な隙間
は植物の栄養循環を手助
けする微生物の生息空間
となっている。大気，水，
岩石にはないこの土壌固
有の性質は，地域固有の
環境条件に応じて生み出
される。

表2　日本の国土および全耕地に占める土壌タイプの割合

土壌タイプ	国土に占める割合（％）	耕地面積（×1000ha）	全耕地面積に占める割合（％）
有機質土壌	1	182	3.96
ポドソル	2	0.6	0.01
黒ボク土	31	1320	28.70
暗赤色土	0.5	39.9	0.87
低地土	14	2180	47.40
赤黄色土	10	212.3	4.62
停滞水成土	1	227	4.94
褐色森林土	30	359	7.81
未熟土	7	78	1.70
合計	96.5	4598.8	100.00

農地面積は 2010 年，農研機構日本土壌インベントリーより作成

　土壌を地理学的な視点で捉えることにより，土地固有の潜在的な性質が浮かび上がってくる。グローバルな土壌の分類体系と地理的分布は，国連食糧機関（FAO/Unesco）の世界資源照合基準（WRB）と米国農務省の土壌分類（USDA Soil Taxonomy）のどちらかで提示され，WRB map of world soil resources（FAO/AGL, 2003）や Global soil suborder map data（USDA/NRCS, 2005）として公開されてきている。2つの土壌分類体系は，分類基準や分類決定基準の見直しによって改訂され続けている。表1は2014年の改訂（USDA Soil Taxonomy第11版2014年WRB第3版2014年）にもとづいて，USDA Soil Taxonomyの12の土壌目（Soil Orders）とこれに対応するWRB世界資源照合基準の19の照合土壌群（Soil Groups），さらにこれらに該当する従来の土壌名や慣用されている名称との対応関係をまとめたものである。

　日本の国土に広く分布する黒ボク土の国際土壌名はアンディソルAndisolsまたはアンドソルAndosolsである。土壌名の接頭辞のAndi-（Ando-）は日本語の「暗土」に由来する。アンディソル（アンドソル）の分布面積は世界的には1％に満たない間帯土壌であるが，特徴的な性質をもつことから世界の主要土壌の1つに挙げられている。黒ボク土は，保水性や透水性が良く，緻密度（土の硬さ）が低く，耕起が容易であることから他の土壌に比べて物理性は良好であるが，化学性に関しては厄介な性質をもつ。火山ガラスの風化物である活性アルミニウムや非晶質の鉄を多量に含み，これらが腐植と結合することから土壌の有機物含量は高くなるものの，アルミニウムや鉄がリン酸イオンと強く結合してリン酸が土壌に固定されてしまう結果作物のリン酸欠乏を引き起こす。この性質の改良のために，黒ボク土は低地土と並んで古くからよく研究され，今日のわが国の農業基盤として重要な土壌になった（表2）。

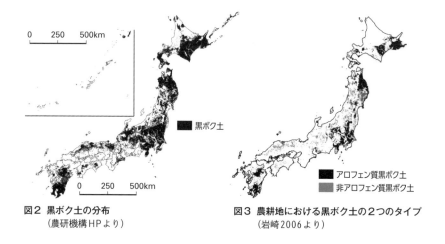

図2 黒ボク土の分布
（農研機構HPより）

図3 農耕地における黒ボク土の2つのタイプ
（岩崎2006より）

凡例：
■ 黒ボク土

■ アロフェン質黒ボク土
■ 非アロフェン質黒ボク土

2 黒ボク土の地域特性

　黒ボク土は，主に北海道南部，東北北部，関東・中部，九州に分布してお
り，2〜3万年前から現在まで活発な活動をしてきた火山の分布と偏西風の影
響を反映している（図2）。日本の土壌分類体系は2015年に黒ボク土の定義を
見直し，黒ボク土の中心概念を「主として母材が火山灰に由来し，リン酸吸収
係数が高く，容積重が小さく，軽しょうな土壌」とし，かつ土壌コロイドの性
質に重きをおいて，アロフェン，イモゴライトなどの非結晶質・準結晶質粘土
を主体とする土壌とするという分類基準へ変更した（今矢2018）。これにより，
日本における黒ボク土の分布面積はそれまでの16％から31％に上方修正され
た。例えば，かつては「褐色森林土」と分類されていた土壌のうち，火山灰を母
材とするものが黒ボク土（大群）に含まれるようになった。日本の土壌図には，
20万分の1土地分類基本調査土壌図，5万分の1土地分類基本調査（都道府県
調査）土壌図やデジタル農耕地土壌図（縮尺5万分の1相当，農耕地のみ対象），
全国デジタル土壌図（縮尺20万分の1相当）などがあるが，土壌図を参照する
際には，土壌名と土壌分布が土壌図の作製時期によって異なったり，読み替え
があったりするので留意する必要がある。

　黒ボク土の性質は，大きく2つに区分される。比較的新しい火山灰を母材と
した，結晶構造をもたない粘土鉱物（アロフェン）を主体とするために，主に腐

図4 日本の牧草地の分布
(Geographical Survey of Japan (1977)
The National Atlas of Japan より作成)

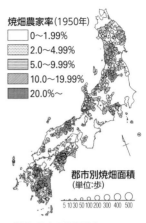

焼畑農家率(1950年)
☐ 0〜1.99%
▨ 2.0〜4.99%
▨ 5.0〜9.99%
▨ 10.0〜19.99%
▨ 20.0%〜

郡市別焼畑面積
(単位:歩)
5 10 30 50 100 200 300 400 500

図5 日本の焼畑分布
(佐々木高明,『稲作以前』
日本放送協会1971より)

植酸に由来する弱酸性を示す「アロフェン質黒ボク土」と,大陸風成塵(黄砂)の雲母由来とされる結晶性の粘土鉱物(2:1型層状珪酸塩鉱物)を多く含み,この粘土粒子に吸着保持されるアルミニウムイオンがもたらす酸性要因によって強酸性を示す「非アロフェン質黒ボク土」である。両者の分布特性を知ることは,農業土地利用や土壌改良において重要な課題であることは言うまでもない。図3は,日本の農耕地を対象に作成された2つのタイプの黒ボク土の分布図である。

　日本における黒ボク土は,経済成長によって化学肥料(リン酸肥料)や中和剤(消石灰)を用いた土壌改良が可能になる1960年代までは,農業生産に不利な問題土壌とされてきた。とくに,非アロフェン質黒ボク土は,アロフェン質黒ボク土に比べて酸性が強いために常畑として使うことが難しく,ヒエ・アワなどの雑穀やソバが栽培された。酸的な性格が比較的弱いアロフェン質黒ボク土の分布は,1970年代の日本の牧草地の分布とよく対応する(図4)。この対応は,単に土壌の化学的な性質だけでなく,火山灰が堆積しやすい台地や山麓緩斜面にアロフェン質黒ボク土が発達し,かつ大規模な放牧を可能にする地形的な条件も関与している。一方,非アロフェン質黒ボク土の分布は,1950年代半ばまで各地で残っていた焼畑分布(図5)との対応がみられる。非アロフェン質黒ボク土がもつ強い酸的性質が開墾や草地に不向きであり,比較的急峻な山地斜面では育成林と焼畑が重要な生業であったことによる。

図6 左：ヴィラボアド・ダム乾季の景観(2015年5月筆者撮影)，
右：コゴンの収穫(2014年3月筆者撮影)

3 熱帯サバナ地域における小規模溜池ダムの集水域と膨潤土壌の分布

　フィリピンのルソン中央平原は穀倉地帯で，伝統的に雨季にイネが，乾季に
裏作のサトウキビが栽培されてきた。山間部のパンタバンガン・ダムから低地
へ水を導く大規模な灌漑用水路工事が進められた結果，今日では平野部でのイ
ネの二期作は期待通りとなった。一方で，大規模な灌漑施設の導入が難しい丘
陵地などの地域に対して，バランガイ(村)単位での小規模農業用水施設の導入
が推進されてきた。その1つとして，フィリピン・中部ルソン地域ヌエヴァ・
エシハ州タルグトゥグ郡ヴィラボアドの丘陵地上(標高約110m)にヴィラボア
ド・ダムが完成したのは1999年であった。この地域は明瞭な雨季・乾季で特
徴づけられる熱帯サバナ気候(Aw)に位置し，雨季の豊富な降水を涵養・貯留
して乾季の水不足を賄うことは計算上可能とされた。しかしながら，このダム
が設計貯水量に達することはほとんどなく，家畜の水飲み場と魚釣りの池と化
してしまった。その主たる原因は，集水域の面積が実際には33 haのところ，
計画時に70 haと過大評価していたためである(貝沼・森島2005)。
　ヴィラボアド・ダム貯水率の算定に影響しうる自然・人文特性は他にも
指摘される。ダム集水域は，一部にギンネムの薪炭林(現地名：Ipil ipil,
L leucosephala)と丘陵頂部のマンゴー植栽林がある以外は草地が占有する。
2004年の現地植生調査では，チガヤ(Cogon, *Imperata cylindrica*)のほか，
メガルカヤ(Samsamong, *Themeda triandra*)のイネ科草本類の分布が確認
された。ヴィラボアド・バランガイ住民にとって，コゴンは重要な現金収入源
であり，雨季の前に毎年火入れを行い，良質なコゴンを収穫している(図6)。
集水域の土壌を調べてみると，インセプティソル(Inceptisols)とバーティソ
ル(Vertisols)の土壌タイプがみられた(図7)。インセプティソルは，比較的

年代の若い，特徴的な性質が十分に発達していない土壌を包含したものであり，特にケイ岩，石英質砂岩等の非常に風化されにくい母岩や急峻な地形等の因子によって生成されやすい。バーティソルは，雨季に土壌浸透能が急減する膨潤性粘土地

膨張性粘土の性質

雨季 膨潤
水分子の層
乾季 収縮

図7 左：乾季のヴィラボアド地区のバーティソル断面（亀裂ができている）右：膨潤性粘土（スメクタイト）の構造
雨季に粘土の相間に水を吸収し，膨潤する。

帯として，熱帯アジアには広く分布し，過去に河道や氾濫原であった地域で見られることが多い。乾季には土壌が収縮し，土壌断面に亀裂が生じ，雨季には土壌が膨潤し，土壌断面の亀裂が閉じる。これは，土壌中で吸水によって体積を著しく増大させるスメクタイト群などの膨潤性粘土鉱物によってもたらされる性質である（図7）。膨潤性の強さを粘土（コロイド）特性で評価する簡便な手法を用いて作られたのが，図8の膨潤性土壌マップである。膨潤性土壌の分布はまだらであり，地表面20cm付近では，面積として集水域の80%を占めていることが示された。雨季の始まりには，亀裂を通って地下深部へ水が浸透し始めるが，雨季の膨潤効果は表面流去水，土壌流亡を助長する。地中へ涵養されない雨水は，表面流となってダムへ直接流入し，コゴンの旺盛な蒸散とダム水面からの蒸発により水資源が失われていく。ダムの水収支算定に誤差が生まれた要因の1つとして，バーティソルの存在が挙げられる。しかしながら，バーティソルは，地域の人々のコゴン採草には何ら支障をもたらすものではない。

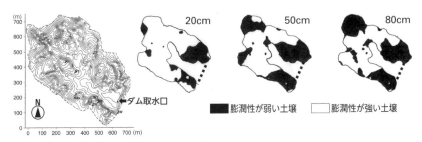

図8 ヴィラボアド・ダム集水域の地形図と膨潤土壌マップ（Souri 2006他をもとに作成）

図9 井川地区のスギ林(1999年3月筆者撮影)　左：焼畑履歴あり，右：焼畑履歴なし

4 土壌から土地利用履歴を探る

　土地利用は自然・人文条件によって地域ごとに固有であり，時代によって変容する。今日，客土，排水・灌漑，大規模な地形改変を伴う切土・盛土，資材・肥料の投入などの各種技術によって土壌は改良され，農耕地の土地生産性に関しては地域差が小さくなってきているといえる。過去にどこの土地がどのように使われていたかは，記録・史資料や現地聞き取りにより把握することができるが，こうした記録が失われたり，辿る手段がなかったりする場合，土壌から探ることができる。

　焼畑農耕は，用材・薪炭林の育成のサイクルのなかで，かつて日本では広く営まれてきた。静岡市葵区田代 (井川地区) は，南アルプスのフォッサマグナ構造線沿いの赤石山脈の南麓，標高700～1,800 m に位置しており，急峻な斜面では古くから林業が営まれてきた。この地域の土壌は，ばん土質褐色森林土：土壌表面から50 cm以内にリン酸吸収係数1,000 mgP$_2$O$_5$/100g以上（リン酸保持量60％以上）の層が25 cm以上ある褐色森林土である。井川地区における焼畑の歴史は，室町時代から昭和30年代までの約400年間続いたとされる。その輪作は概ね4年で（1年目はヒエ，2年目は大豆・小豆，3年目はサトイモ，4年目はエゴマを栽培），25年前後の休閑期間を設けて循環させていたとされる。

　図9は，1998年に聞き取り調査にもとづいて確認された利用履歴の異なるスギ林の景観である。焼畑履歴がある林分は樹齢が揃っている。土壌腐植層（A層）の厚さ，礫含量，腐植含量，土壌pH，陽イオン交換容量等の性質には焼畑履歴の有無による差はなく，地力に有意な差が認められなかった。井川地

表3 静岡県井川地区の林地における植物ケイ酸体粒子検出密度　（単位×100個／土壌g）

植物ケイ酸体分析分類群		静岡県井川地区									
		焼畑履歴なし(聞き取り調査)				焼畑履歴あり(聞き取り調査)					
		地点1	地点2	地点3	地点4	地点5	地点6	地点7	地点8	地点9	地点10
イネ科	ヒエ属型					8	23	15	8	23	15
	キビ族型					8	15	15	39	30	22
	ススキ属型					8	15	8	8	15	22
	ウシクサ族型	7	15	8	6	8	30	38	53	30	155
タケ亜科		29		46		15		8	8	23	7
その他のイネ科		82	68	31	121	60	83	166	166	135	225
樹木起源			31	8	6		8	31	15	16	22

吉田（2002）をもとに作成

区では，土壌を消耗させない焼畑と育林の生業が400年間続けられてきたのである。なお，雑穀などのイネ科草本は，植物の細胞内にケイ酸を旺盛に蓄積し，植物が枯れた後もガラス質の微化石となって土壌中に半永久的に残る。樹木も葉の表皮細胞にも弱いながら同様にケイ酸が蓄積される。井川地区の土壌の植物珪酸体の組成を調べてみると，聞き取りによる焼畑履歴の記録と一致する結果が得られた（表3）。

　今日，土地の酷使による土壌劣化（土壌侵食，土壌汚染，砂漠化）が世界的に問題視されている。劣化の種類と強度は，自然・人文条件に強く依存する。地域の土壌分布とその潜在的な性質を人間との関わりで調べることは，地の理を知る際の大きな手掛かりになる。

参考文献
・今矢明宏(2018)：日本土壌分類体系における黒ボク土の基本的なコンセプトと分類方法．ペドロジスト62 (2)，pp.62-71．
・岩崎亘典(2002)：土地利用変化に伴う黒ボク土の土壌酸性化の空間的評価．東京工業大学大学院総合理工学研究科学位論文
・農研機構日本土壌インベントリー　https://soil-inventory.dc.affrc.go.jp/explain.html
・貝沼恵美・小田宏信・森島済(2009)：「変動するフィリピン　経済開発と国土空間形成」二宮書店．
・吉田綾子(2001)：静岡県田代における焼畑履歴土壌の理化学特性の比較考察．東京工業大学大学院総合理工学研究科人間環境システム専攻修士論文
・Souri, B. (2006): A new environmental index for natural dynamic porous media based on pigment efficiency of soils free iron oxides. 東京工業大学大学院総合理工学研究科学位論文

土壌からの地域の見方・考え方をさらに深める一冊
　田中治夫・村田智吉(2018)：「土壌環境調査・分析法入門」講談社．

4章 水環境からの地域の見方・考え方

松山　洋

1 水環境の学びの背景と方法

　地表や海洋で蒸発した水は風によって陸地に運ばれ，そこで降水になる。そして，陸地への降水を集めた河川は海洋へと流れていく（図1）。このように，水の循環と水の収支を研究する学問のことを水文学という。「水文学の研究は水収支に始まり水収支に終わる」と言われるほど[1]，水収支は水文学の中心課題である。

　図1に出てくる蒸発散量とは，水面からの蒸発量と蒸散量（植物の気孔を通じて，植物から大気へ移動する水蒸気量）を合わせた用語であり，どちらも地表面（海洋および陸地）から大気中への水蒸気輸送を示している。ここで，海洋の場合は蒸発散量＝蒸発量である。また，降水量は雨量と同義ではない。降水とは，大気から地表面に達する水のことであり，雨だけでなく雪，みぞれ，ひょう，あられなども含まれる。

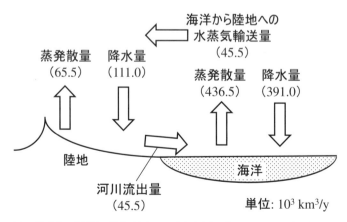

図1　地球上の水循環の模式図と年間の水収支（移動量のみ，南極を除く）
文献[2]により作成。

海洋には水が大量にあるため，降水量よりも蒸発散量の方が多くなる。一方，陸地では蒸発散量よりも降水量の方が多くなる。陸地では「降水量－蒸発散量」が正であるから，私たちは地表水を利用して暮らすことができる。もっとも，人間が利用できる淡水で賦存量・使用量ともに最も多いのは地下水であるが…

図1で注目したいのが，海洋での「蒸発散量－降水量」と陸地での「降

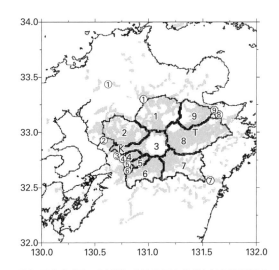

図2 阿蘇山（図の3付近）を取り囲む流域と流量観測地点（①～⑨）の分布[4]
灰色で示したのは，阿蘇火砕流堆積物の分布域である。
KおよびTはそれぞれ熊本市と竹田市を表わす。
流域名および流量観測地点名は表1を参照のこと。

水量－蒸発散量」の値が等しいことである。海洋で余った水蒸気は風によって陸地に運ばれ，陸地で余った水は河川水として海洋に運ばれる。図1では，大気と河川によって運ばれる水の量も等しくなり，このような状態を，「水収支が閉じている」という。しかしながら，時と場合によっては「水収支が閉じない」こともある。

「水収支が閉じない」例として，九州の熊本市周辺が挙げられる。熊本市の人口は2020年4月現在約73万人であり，ここで暮らす人々の生活用水は全て地下水で賄われている[3]。人口70万人を超える都市で，地下水だけで生活用水を賄っている都市は，日本には熊本市以外にはない。なぜ熊本市で地下水が豊富なのかというと，それは熊本市の東方に位置する阿蘇山と関係がある。阿蘇山は，過去30万年間に4回大噴火を繰り返した活火山であり，そのうち7万年前に噴火した時の火砕流堆積物が広く中部九州を覆っている（図2）。火砕流堆積物は空隙が多いために降水が地下に浸透しやすく，地表の河川網が発達しにくい。そして，流動する地下水が湧出するところが熊本市周辺なのである。

火の国熊本は，実は水の国でもある。

2 水環境の理を学ぶ研究事例: マクロに捉える。

　前ページの図2に示した阿蘇火砕流堆積物は，広く中部九州を覆っている。もちろん，熊本市もこれに含まれるが，この地域の地下水流動に関する先行研究は，阿蘇山の西側（阿蘇西麓台地という）だけに限られてきた（文献[3),4)] および，そこでの引用文献を参照）。これは，熊本市の水道水が100%地下水に依存していること，すなわち水資源の確保ということと無関係ではないだろう。

　流域とは，河口から海に流れ込む水を供給した降水がもたらされる範囲を指し，普通は，地形図上で等高線の尾根状のところを結ぶことによって定義される（図2の流域もそのようにして求めている）。ここで，熊本市でどのようなことが起こっているかというと，図2の4番の流域（加勢川流域）では，流域内の降水量よりも，④の流量観測地点（大六橋）で観測された河川流出量の方が大きいことが先行研究によって指摘されている。図1をもう一度見ると，陸域では，降水量は蒸発散量と河川流出量の和に等しくなり，降水量，蒸発散量，河川流出量の全てが正の値になる。しかしながら，加瀬川流域においては，降水量よりも河川流出量の方が大きいのである（表1）。この現象を説明するためには，流域外から地下水の補給がなければならない。すなわち，厚い火砕流堆積物が流域を越えた地下水流動を可能にしているのである。具体的には，3番の流域（白川流域）から加瀬川流域に地下水が流入していると考えられており，熊本市

表1 阿蘇山周辺の9流域における年間の水収支（1996～1998年，文献[4)] を修正）

番号	流域名	流域面積 (km²)	流量観測 地点名	年降水量 (mm/y)	年流出高 (mm/y)	水収支による 蒸発散量 (mm/y)	熱収支による 年蒸発散量 (mm/y)	差は 有意か？
1	筑後川	1137.0	小渕	2,207	1,438	769 ± 232	695 ± 258	×
2	菊池川	906.0	玉名	2,537	1,535	1,002 ± 265	806 ± 258	×
3	白川	477.0	代継橋	2,595	1,833	762 ± 275	633 ± 258	×
4	加勢川	220.3	大六橋	2,420	2,606	-186 ± 275	790 ± 258	○
5	御船川	120.0	御船	2,354	2,045	309 ± 257	748 ± 258	×
6	緑川	519.1	中甲橋	2,219	2,251	-32 ± 249	729 ± 258	○
7	五ヶ瀬川	1044.1	三輪	2,238	1,769	469 ± 241	679 ± 258	×
8	大野川	1381.0	白滝橋	1,932	115	767 ± 202	707 ± 258	×
9	大分川	601.0	府内大橋	1,726	1,514	212 ± 188	680 ± 258	○
加重平均または 合計(1～9)		6405.5		2,194	1,601	593 ± 234	712 ± 258	×
同上 (2～5)		1723.3		2,525	1,790	735 ± 268	752 ± 258	×

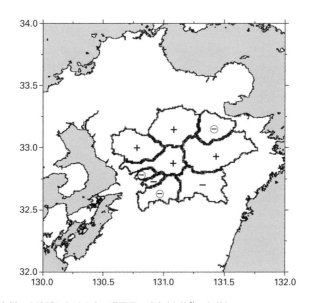

図3　中部九州の9流域における水の過不足の分布（文献[4]に加筆）
図の＋の流域から－の流域へ地下水流動が生じている可能性がある。
○囲みは誤差を考慮しても水収支の不一致が説明できない流域。A－Bは図4に対応する。

周辺では，降水量，蒸発散量，河川流出量に注目しているだけでは「水収支が閉じない」のである。

　しかしながら，図2を見ると，阿蘇火砕流堆積物が分布しているのは阿蘇山の西側だけではない。すなわち，地下水流動という観点からいうと，阿蘇山の北〜東〜南側で「水収支が閉じない」流域が出てきても不思議ではない。そこで，まずは中部九州における流域水収支をマクロに捉えることにした。これは，いわゆるデータ解析であるが，水循環の研究ではこのようなアプローチも必要である。

　詳細は文献[4]を参照していただきたいが，実は蒸発散という現象は，水の移動だけでなく熱の移動でもある。そのため，年蒸発散量は水収支の残差（年降水量－年流出高）として求まるだけでなく，熱収支という別の方法でも求めることができる（表1）。そして，降水量観測，流量観測，蒸発散量推定のいずれにも誤差が含まれるので，表1ではそれらも示されている。これらの誤差を考慮しても，水収支と熱収支によって独立に求められた年蒸発散量の値が重ならない流域が，地下水流動を考慮しなければ「水収支が閉じない」流域だと考えら

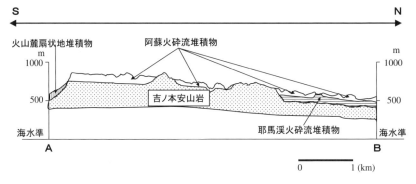

図4　阿蘇谷から阿蘇外輪山北麓斜面にかけて(図3のA－B)の地質断面図 [5]
　吉ノ本安山岩の下部に難透水層があると考えられている。

れる。具体的には，4.加勢川，6.緑川，9.大分川がこれに該当し(表1)，筆者
たちの研究 [4] では，阿蘇西麓台地だけでは水収支が閉じない可能性を指摘した
(図3)。

3　水環境の理を学ぶ研究事例: 現場で測ってみる。

　実は前節で紹介した話は，筆者が助教授になった2001年度の学生実習で行っ
た内容であった。この実習は「地理学調査法V」「地理学研究法I・II」という科
目であり(以下，まとめて「情報大巡検」という)，これらは本来，「野外調査の
準備をし，実際に現地調査を行ってまとめる」という授業であった。そこで，
2002年度以降は現場で水質調査を行うことにした [6]。

　前節の先行研究について調べていたところ，阿蘇西麓台地や阿蘇カルデラ
内の湧水や河川水の研究は多数あることが分かった。しかしながら，地下水流
動は阿蘇西麓台地だけでみられるわけではないことが前節で明らかになったの
で，自分たちはそれ以外の地域を調べることにした。ただし，水質調査も最初は
試行錯誤であり，論文を書くデータが取れるようになるまでには数年かかった。

　関連する資料を調べていると，阿蘇外輪山北麓斜面が面白そうである(図3，
4)。図4は，図3のA－Bの地質断面図について示したものであり，南側が
阿蘇カルデラ内，北側が阿蘇外輪山北麓斜面になる。図4によると，難透水層
は南から北に向かって緩やかに低下していることが分かる。一方，阿蘇カルデ

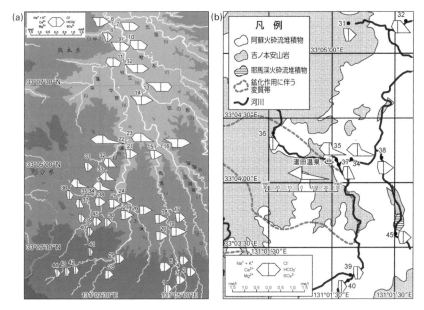

図5 (a) 阿蘇外輪山北麓で採水調査を行なった河川と採水地点，およびこれらの地点における
主要無機イオン分布　段彩図は標高を表わし，南側が源流部に近くなる。
(b) 湯田温泉付近における拡大図と地質図　文献[5]により作成。

ラ内の湧水のうち，火山起源のものは硫酸イオンに富んでいる。もし，阿蘇カ
ルデラ内から阿蘇外輪山北麓斜面に地下水が流動しているならば，どこかで硫
酸イオンに富んだ水が湧き出ているのではないか？

　そのような視点に立って，阿蘇外輪山北麓の河川水の水質分布を調べたとこ
ろ，硫酸イオンに富んだ水が出たのである（図5）。図5はヘキサダイアグラム
という方法で水質を表現したものである。これは六角形の左側に主要陽イオン，
右側に主要陰イオンの濃度（分子量で割った当量）をプロットすることで，水質
を視覚的に捉えるものである。図5の六角形では右下に硫酸イオン濃度（SO_4^{2-}）
がプロットされており，図中の35番付近でこの値が大きくなっていることが
分かる。そして，この水質は，それより上流部のものとは大きく異なることも，
図5から読み取れる。

　図5の35番付近には湯田温泉がある（図5(b)）。もし，ここでみられる硫酸
イオンに富んだ水が阿蘇カルデラから来ているならば，温泉中に含まれるシリ
カという物質の濃度は，阿蘇カルデラの湧水よりも湯田温泉の方が大きな値に

なるはずである。これは，シリカは降水にはほとんど含まれず，保存性に富んでおり，地中の滞留時間に比例して濃度が増加するという特徴があるからである。

　しかしながら，湯田温泉のシリカ濃度は阿蘇カルデラのそれよりも小さくなり，湯田温泉の水が阿蘇カルデラ起源であるとは言えなかった[5]。それならばなぜ，硫酸イオンに富んだ水が湯田温泉で湧出するのだろうか？ それはこの付近が地質の境界になっているからである（図5(b)）。湯田温泉は，吉ノ本安山岩と阿蘇火砕流堆積物の境界に位置するだけでなく，付近には鉱化作用に伴う変質帯も通っている。こういった，この付近の地質が水質にも影響しているのであろう。

　この地域の地下水流動に関して，阿蘇西麓台地に続く「二匹目のドジョウ」とはならなかったが，現地調査を通じて考えさせられたことは多々あった。そして，現地調査の面白さについて，肌を通じて感じることができたのである。「情報大巡検」での水質調査は，その後も，テーマを少しずつ変えながら続けられている。

4 水環境の地域的な特徴について考える。

　このように，2001年度以降筆者の研究室では，毎年阿蘇周辺で「情報大巡検」を行ってきた[6]。現場では水質調査だけでなく，植生調査や神社の調査，測量なども行ってきたが，大事なのはデータを取り続けることだと思う。長期間データを取り続けた結果，初めて分かることもある。そして，世代を越えて阿蘇という地域，特に水環境に関する体験を共有することも大事だと考えている（図6）。

図6 白川水源（熊本県阿蘇郡南阿蘇村）における水質調査の様子
（2019年9月中山大地撮影）

このようななか，2016年4月に熊本地震が発生した。地震発生直後には，熊本市内にある水前寺公園の池の水が干上がり[3]，阿蘇でも渇水・減水した湧水がある一方，増水した湧水もあったことが報告された。

　地震の発生が地下水に与える影響を評価するためには，地震前後の水量・水質のデータが必要である。地震発生前のデータを取得することは一般に難しいが，熊本市は水道水源を100％地下水に依存しているため，空間的に密な地下水のデータが長期間に渡って利用できる。これは世界的にみても稀有な例であり，これらの貴重なデータを用いた解析が，熊本大学の研究者を中心に行なわれている[3]。

　一方，このようなデータ解析を進めるうえで，現場での体験が重要であるのは言うまでもない。現場で見たり聞いたり考えたりしたことは，データ解析で得られた結果を解釈するうえで必ず役に立つ。逆に，ある1地点のデータの分析結果を解釈する際にも，広い範囲の状況を知っておくことは有効だろう。水環境に限らず，自然環境の地域的な特徴を捉えるためには，観測，解析，理論，モデリングを組み合わせたアプローチが大切であると，筆者は常々考えている。

　地下水は見えない。そのため，地下で何が起こっているかを必死に考えるしかない。そこが水循環の研究の面白いところであり，仮説通りの結果が得られた場合には，このうえもなく嬉しくなるのである。これこそが研究の醍醐味だと思う。

参考文献
1) 榧根 勇 (1980):「水文学」大明堂.
2) Oki, T. and Kanae, S. (2006): Global hydrological cycles and world water resources. Science 313: 1068-1072.
3) 例えば 嶋田 純・細野高啓 (2020):「巨大地震が地下水環境に与えた影響－2016年熊本地震から何を学ぶか－」成文堂.
4) 松山 洋・泉 岳樹 (2002): 水文・気象・衛星データを用いた阿蘇山周辺の流域水収支の再検討. 水文・水資源学会誌 15: 413-427.
5) 松山 洋・八木克敏・中山大地・鈴木啓助 (2006): 阿蘇外輪山北麓杖立川上流域の河川水質の特徴について. 水文・水資源学会誌 19: 392-400.

水環境からの地域の見方・考え方をさらに深める一冊
6) 泉 岳樹・松山 洋 (2017):「卒論・修論のための自然地理学フィールド調査」古今書院.

5章 都市空間としての地域の見方・考え方

太田　慧

1 都市空間の学びの背景と方法

　都市空間を考える際に，商業集積地はいわば都市の顔であり，商業集積地の分析は都市の特徴をとらえるうえで有用である。都市域における商業集積地研究は，商業集積地の中心となる商店街の土地利用や業種構成の調査によって空間特性が明らかにされる。

　大都市における商店街では，詳細なフィールドワークと土地利用調査を通して東京都内の商業集積地の実態と形成過程が明らかにされた（松澤，1986）。大都市や地方都市における商業集積地の時系列的な変化では，建物の用途や形態を詳細に調査することで，1980年代以降の建物の高層化の過程が明らかにされた（戸所，1986）。このような土地利用の高度化は，大都市の都心においてみられ，その後都心周辺地域に拡大した。しかし，大規模小売店舗法の運用緩和やモータリゼーションなどを背景とした郊外への大規模なショッピングモールの進出によって，1990年代後半以降の地方都市では中心商店街の衰退が進んだ。

　一方，近年の東京都心周辺地域における商業集積地の様相は，土地利用の高度化，建物の高層化とともに複雑さを増している。加えて，大都市における商店街調査は，店舗の入れ替えが多いことと，チェーン店の進出と商店会への加入率の低下によって正確な業種構成や空間特性の把握がより困難なものとなっている。

　本章では，複雑化した大都市における商業集積地について，地理情報システム（GIS）を用いて商店街の定量的な把握を試みる。事例としては，東京都心周辺地域に位置する東京都台東区の上野地域をとりあげ，当該地域における商店街を単位とした商業集積地の特性を検討していく。

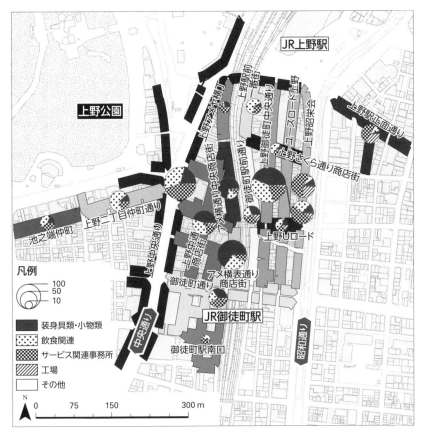

凡例
○ 100
○ 50
○ 10

■ 装身具類・小物類
▦ 飲食関連
▩ サービス関連事務所
▨ 工場
□ その他

N
0　75　150　　　　300 m

図1　上野地域における商店街の分布と店舗構成（2014年）
　　　（テレポイントデータにより作成）

2 都市空間の理を学ぶ研究事例としての東京都心周辺の商業地域

　東京都心周辺地域に位置する東京都台東区の上野地域は，博物館や美術館，動物園などの観光施設とともに，アメヤ横丁などの商店街からなる商業集積地が隣接している。本研究では，上野地域における商業集積の現状をとらえるために，台東区の資料を用いて街区構成をもとにした商店街の分布図を作成した。さらに，商店街単位の業種構成をGISに取り込み，商店街ごとの特性と空間との関連について検討した。

　台東区内の商店街のうち，22の商店街が上野地域に立地している[注1)]。上野地域における商店街は，JR上野駅とJR御徒町駅の間，およそ300m四方の範

図2 チェーン店や事務所が並ぶ上野中央通り
（2016年3月筆者撮影）

囲に立地しており，上野地域の商店街のおおよその範囲は昭和通り，御徒町通り，中央通りに囲まれた範囲と上野公園の南側が該当している（図1）。上野地域における商店街は，JRの線路の東側に位置する「上野駅前一番街」，「上野駅正面通り」，「上野昭栄会」，「御徒町駅前通り」，「ユースロード上野」，「上野御徒町中央通り」，「上野Uロード」，および「上野さくら通り商店街」の8つの商店街と，JRの線路の西側に位置する「上野アメヤ横丁」，「アメ横通り中央商店街」，「アメ横表通り商店街」，「上野中央通り」，「上野中通商店街」，「御徒町通り」，「御徒町駅南口」，「上野二丁目仲町通り」，および「池之端仲町」の9つの商店街からなる。

　ゼンリン「Zmap TOWN II」の街区データと台東区の商店街調査の資料を利用し，道路構成線からから10mのバッファを発生させ，商店街ごとのポリゴンを作成した。さらに，テレポイントデータとよばれる位置情報付き施設データのうち，各商店街のポリゴン上に重なるポイントデータを集計することで，商店街ごとの店舗・事業所数の構成をとらえた[注2]。この際には，1つの中高

図3 中小の小売店が並ぶアメ横と上中商店街
（2016年3月筆者撮影）

層建築に入居する複数の店舗・事業所もあわせて集計することで，建物の高層
化によって複雑化した大都市の商業集積地の実態を把握した。テレポイント
データを集計することにより，上野地域全体の店舗と事業所の業種構成を集計
すると，喫茶店，料理店，和食店，食料品店，酒場が該当する飲食関連の店舗
が27.6％を占めていた。次に，化粧品店，ジュエリー店，衣料品店が該当す
る装身具関連の店舗は161を占めており，これらの飲食関連の店舗と装身具関
連の店舗は上野地域の全店舗・事業所の構成の38.6％を占めている。これら
の飲食関連の店舗と装身具関連の店舗は，上野地域における商店街の1つの特
長となっている。

　図1は集計した上野地域の店舗・事業所の数について，商店街ごとの軒数を
円の大きさで示したものである。上野地域の商店街のなかで店舗・事業所の最
多のものは，JRの線路の東側に位置する「上野御徒町中央通り」の205軒であ
る。2番目に店舗・事業所数が多いのはJRの線路の西側に位置する「上野中央
通り」の174軒である（図2）。3番目に店舗・事業所数が多い商店街は「アメ横

表通り商店街」の143軒であり，以上の店舗・事業所数が上位の「上野御徒町中央通り」，「上野中央通り」，「アメ横表通り商店街」の３つの商店街はすべて南北方向に展開する商店街となっている（図３）。その一方で，「上野Ｕロード」，「上野さくら通り商店街」，「御徒町駅南口」などの東西方向に展開する商店街の店舗・事業所数は30軒に満たない。つまり，上野地域における商店街の店舗・事業所数は，南北方向の商店街において多くの店舗・事業所がある一方，東西方向の店舗・事業所数は相対的に少なくなる傾向にある。

さらに，図１には上野地域の業種構成において特徴的な業種を装身具類・小物類，飲食関連，サービス関連事務所，工場，その他５種類に集計して図示してある。これによれば，「アメ横通り中央商店街」，「アメ横表通り商店街」からなるアメヤ横丁と「上野御徒町中央通り」において装身具類・小物類の店舗の割合が多かった。また，JR上野駅周辺には飲食関連が多く立地する傾向や，中央通りや昭和通りなどの大通り沿道にはサービス関連事務所が多くなる傾向，駅から離れた「上野駅正面通り」や「上野昭栄会」などの商店街では工場が多くなる傾向がみられた。以上の結果から，上野地域全体の業種構成を確認することができた。

３ 都市空間の理を学ぶ研究事例としての商店街の分析

上野地域における商店街とそれらの業種構成をもとにコレスポンデンス分析[注3]を実施し，得られた２軸のうちX軸を「サービス的」と「物販的」，Y軸を「余暇的」と「ビジネス的」と解釈した。X軸はプラス方向には美容院・エステ，学習塾などのサービス業の影響が強くなるため「サービス的」と解釈した。一方，X軸はマイナス方向には化粧品店や革製品の物販の影響が強くなるため「物販的」と解釈した。Y軸についてはプラス方向には酒場や料理店，スポーツ・娯楽施設の影響が強くなるため「余暇的」と解釈した。一方，マイナス方向には工場や事務所などのビジネス関連の事業所の影響が強くなるため「ビジネス的」と解釈した。

分析を実施した結果，「ショッピング型」，「飲み屋街型」，「飲食・サービス型」，「教育・ビジネス型」の４つの特性が示された（図４）。「ショッピング型」の商店街には衣料品，小物，食品を扱う店舗との関連がみられ，「アメ横表通り商店街」，

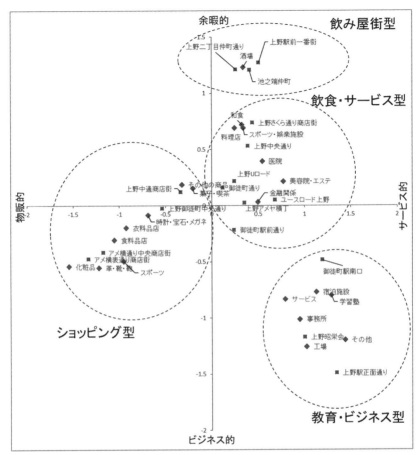

図4 上野地域における商店街の分類(テレポイントデータにより作成)

「アメ横通り中央商店街」,「上野中通商店街」,「上野御徒町中央通り」がこれに
あたる。また,酒場に関連する「飲み屋街型」には「上野駅前一番街」,「上野二
丁目仲町通り」,「池之端仲町」が該当した。「飲食・サービス型」は料理店や医院,
美容院・エステ,金融機関などの一般の客が利用するサービス関連の店舗が関
連し,「上野さくら通り商店街」,「上野中央通り」,「御徒町通り」,「上野Uロー
ド」,「ユースロード上野」,「上野アメヤ横丁」,「御徒町駅前通り」が該当した。
事務所,工場,学習塾との関連がみられる「教育・ビジネス型」の商店街には,
「上野駅正面通り」,「上野商栄会」,「御徒町駅南口」が該当した。

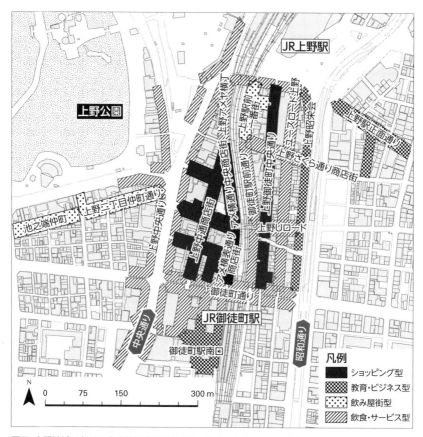

図5 上野地域における商店街の空間特性（テレポイントデータにより作成）

4 都市空間の商業地域の地域的な特徴とは

　以上の分析結果をもとに，各商店街の特性を地図上に示したしたものが図
5である。これによれば，「飲食・サービス型」の商店街は，「上野中央通り」
や「御徒町通り」などのJR上野駅やJR御徒町駅に近接する大通り沿いに立地し
ていた。「教育・ビジネス型」の商店街はJR上野駅から離れた昭和通り沿いや
JR御徒町駅の南側に立地していた。「飲み屋街型」は上野公園の南に位置する
「上野二丁目仲町通り」や「池之端仲町」が該当したが，これはかつての花街の位
置と一致している。「ショッピング型」の商店街は，「アメ横表通り商店街」，「ア
メ横通り中央商店街」，「上野中通商店街」，および「上野御徒町中央通り」の4

つの商店街が該当しており，JRの線路を挟んで東西に「ショッピング型」の商店街が立地していた。「ショッピング型」の商店街にはアメヤ横丁や上中（うえちゅん；上野中通商店街）が該当しており，これらは特徴的な古い下町の風情が残っている空間となっている。つまり，上野地域における商業集積地は，これらの「ショッピング型」の商店街を核として四方に発展している。以上のことから，上野地域における商店街は観光の中心となっているアメヤ横丁や「上野中通商店街」を離れると，観光客があまり利用しない「教育・ビジネス型」の商店街としての性格がより強くなるといえる。

　本研究では，テレポイントデータを用いて東京・上野地域における商店街を単位とした商業集積地の現状を空間特性とともに明らかにすることができた。上野地域における商店街の業種構成の特徴を検討した結果，「ショッピング型」，「飲み屋街型」，「飲食・サービス型」，「教育・ビジネス型」の4つの特性が示された。以上の研究は他の商業集積地の研究にも応用も可能であるとともに，本研究のような商店街単位の分析だけでなく同一商店街内の街路を単位としたより詳細な分析にも応用できる。なお，商店街の成り立ちや商業集積地形成のメカニズムの解明には，詳細なフィールドワークも必要である。

注
1) 本研究では台東区産業振興課（2014）の台東区商店街マップに記載された上野地域に立地する22の商店街のうち，テレポイントデータで集計可能な17の商店街に位置する業種を分析対象とした。線路高架下の商店街やビル内の商店は研究対象から除外した。
2) ゼンリン社のデータについては，東京大学空間情報科学研究センター（CSIS）との共同研究（研究番号2685）により提供されたものである。
3) 分析には株式会社社会情報サービスの「エクセル統計2012」を使用した。

参考文献
1) 太田　慧・杉本興運・菊地俊夫・土居利光（2017）：東京・上野地域における商業集積地の空間特性の分析．観光科学研究．
2) 戸所　隆（1986）：「都市空間の立体化」古今書院．
3) 松澤光雄（1986）：「繁華街を歩く　東京編－繁華街の構造分析と特性研究」綜合ユニコム選書．

都市空間としての地域の見方・考え方をさらに深める一冊
高橋伸夫・菊地俊夫・根田克彦・山下宗利編著（2013）：「都市空間の見方・考え方」古今書院．

6章 「農」空間としての地域の見方・考え方

菊地　俊夫

1 「農」空間の学びの背景と方法

　農村地域を「農」空間として捉えることは地理学の重要な視点である。「農」空間は，農村地域の生態的基盤と経済的基盤，および社会的基盤の総体として性格づけることができる。生態的基盤は農村地域の風土や土地，動植物などであり，具体的には農地や宅地，森林などとそれらを取り巻く自然環境が重要になる。経済的基盤は農村地域の生業やさまざまな経済活動であり，それらは景観や土地利用に反映される。そして，社会的基盤は農村の生活空間やコミュニティに関するものであり，地域住民の属性や結びつきの強さなどにより農村地域が性格づけられる。「農」空間としての農村地域は生態的基盤と経済的基盤，および社会的基盤の総体として性格づけられるため，それら1つの基盤の変化は「農」

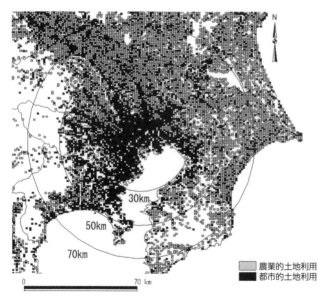

図1　関東地方における都市的土地利用と農業的土地利用の分布(1997年)
　　　(農林業センサスにより作成)

30km

50km

70km

0　　　　　　　70 km

農業的土地利用
都市的土地利用

46

空間全体の性格に影響を及ぼし、「農」空間そのものの性格を変化させてしまう。したがって，「農」空間としての農村地域は生態的基盤と経済的基盤，および社会的基盤の3つの側面からアプローチされなければならない。

関東地方における都市的土地利用と農業的土地利用の分布を「農」空間と関連づけるために示した図1によれば，都市的土地利用が鉄道沿線に沿ってアメーバ状に拡大し，農業的土地利用の縮小がみられる。このような都市的土地利用と農業

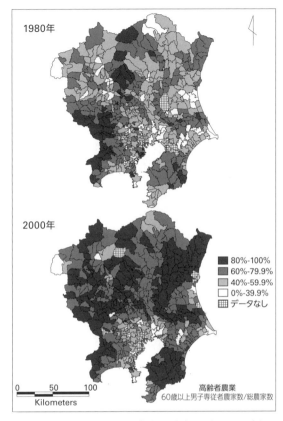

図2 関東地方における高齢者農村の分布（1980年と2000年）
（農林業センサスにより作成）

的土地利用との競合や，その結果に生じる農業的土地利用の衰退と消失は大都市近郊農村を性格づける大きな切り口となる。都市的土地利用の拡大は生態的基盤（農地や森林）の縮小をもたらすだけでなく，地域における経済的活動も変化させ，そして新たな住宅建設によって流入する都市住民による混住化は農村地域の社会的基盤も変えてしまう。同様に「農」空間と関連づけるために，関東地方における高齢者農家率の分布を図2に示した。これによれば，高齢者農家率の高い農村が大都市遠郊を中心に増加している。農村地域の高齢化や生産年齢人口の流出にともなう過疎化は「農」空間の社会的基盤の弱体化につながり，地域における経済活動の変化を引き起こすだけでなく，農地や森林の利用や維持管理に影響を及ぼす。最終的には，不耕作地の拡大や管理されなくなった森林は「農」

空間の生態的基盤の荒廃につながる。「農」空間としての農村地域は生態的基盤と経済的基盤，および社会的基盤の総体として捉えることが必要であり，以下ではそのような捉え方を大都市近郊農村と大都市遠郊農村の研究事例で説明する。

2 「農」空間の理を学ぶ研究事例としての大都市近郊農村

　東京都練馬区に立地するＩ農園の事例から，消費空間としての農業体験農園の役割を検討する[1]。Ｉ農園は経営耕地（70a）のうち60ａが122区画の農業体験農園となっており，残りの10ａで10品目ほどの野菜を栽培している。農業体験農園の開設当初，Ｉ氏は都市住民とのコミュニケーションの大切さと，利用者に農業技術を的確に伝えていくことの難しさを痛感した。同時に，意欲的に農業に取り組む利用者をみて，この取り組みが農業技術だけではなく，農業の魅力を共有できる意義深いものであることを再認識し，Ｉ氏は農業へのやりがいを持てるようになった。農園開設当初の利用者のなかには，市民農園と同じという認識で農園に通う者も少なくなかったが，食の安全安心が社会問題となり，食育などの取り組みが注目されるなかで，次第に農業に対する「学ぶ」意識も都市住民のなかで高まってきた。また，経営面でも，利用者からの農園利用料が安定して得られることや，収穫作業を中心に労働投下量を削減できることから，Ｉ氏は農業体験農園の取り組みにメリットを感じることができた。

　Ｉ農園の農業体験農園は，現在開園されている練馬区の農業体験農園のなかでも大規模な農園の１つになっている。利用者の50％から60％は練馬区南大泉町の在住者であり，ほとんどの居住地は自転車で20分以内の距離にある。一方で，練馬区外からの利用者は5名程度と少ない。農業体験農園は家族で利用されることが多く，Ｉ農園の利用者の年齢構成（2009年）をみると，70歳代20名，60歳代72名，50歳代79名，40歳代68名，30歳代42名，20歳代14名となっており，シニア世代ばかりではなく若い世代にも利用者が多いことに特徴がある。利用期間は5年であるため，農園利用の約90％は翌年へ更新される。また，利用期間を終えた利用者の70％から80％は再び申込をするという。それだけ，農園利用者はＩ農園での農業体験を高く評価しているといえる。

　Ｉ農園では，3月下旬から講習会が始まり，利用者は土曜日と日曜日に開催される講習会で農園主から野菜の栽培方法を教えてもらいながら，自らが農業

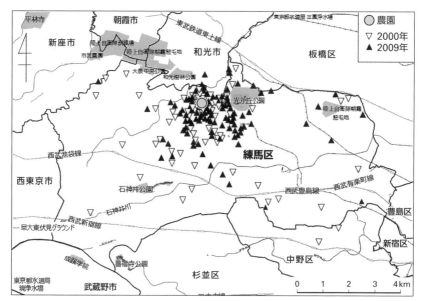

図3 東京都練馬区のI農園における農園利用者の居住地分布(2000年と2009年)
(聞き取り調査により作成)

に取り組んでいる。利用者は農園から近い場所に居住しているため，肥培管理も頻繁に行うことができる。I氏は利用者との農業以外での交流活動も当初からメニュー化してきた。7月上旬には昼食会，11月上旬には収穫祭が催される。また，商社に勤務している利用者が計画した旅行やスポーツメーカー勤務の利用者が主催するゴルフコンペも毎年行われている。いわば農園主と利用者のネットワークの強化が，I農園の体験農園としての魅力をより高めることにつながっている。このような農業体験は都市住民の利用者にとって手軽な余暇活動であるため，体験農園に通うことがルーラルツーリズムの1つの形態にもなっている。

　I農園の利用者の居住地分布が図3に示されている。2000年と2009年を比較すると，2000年には区外の利用者を含め農園から離れた区南部の利用者も少なからずいた。しかし2009年になると，利用者の多くが農園から半径500mほどの範囲に限定されるようになった。この背景には，区内の農業体験農園が2000年以降に増加し，都市住民の利用農園がより近隣のものに変化したことがある。換言すれば，I農園に継続的に通う利用者は，農園に通いやすい近隣の住民に絞られてきたといえる。

3 「農」空間の理を学ぶ研究事例としての大都市遠郊農村

　茨城県北東部の常陸太田市金砂郷（かなさごう）地域は，江戸時代から葉たばこの産地であり，その裏作として，そばが地力増進や自給食料確保を目的に栽培された。しかし，たばこの喫煙率や需要の低下とともに，主要な商品生産としての葉たばこ生産は衰退し，農村の生産年齢人口は現金収入を求めて都市に流出するようになった。そのため，金砂郷地域は典型的な高齢化・過疎化の農村となり，そこでの主な農業は細々と継続してきたそば栽培であった。1990年代以降，「常陸秋そば」や「金砂郷そば」がブランド化されると，金砂郷地域ではそばの栽培が葉たばこに代わって商品生産として卓越するようになった。

　金砂郷地域赤土地区の土地利用によれば（図4），10度から15度の傾斜地の土地条件と，気温の日較差が大きい気候条件が，夏から秋にかけての良質なそば栽培に欠かせない条件であるため，そのような農地を中心にしてそば栽培が行われている。しかし，金砂郷地域の高齢化はそばの栽培拡大の大きな障害になっていた。このような高齢化は傾斜地における耕作放棄地の拡大にも反映され，急傾斜地や農家から離れた場所の農地は不耕作地になっている。耕作放棄地の増加はそばの栽培景観の魅力を阻害し，土壌侵食や土地の劣悪化の原因にもなる。そのため，耕作放棄地を減らすため，そば畑のオーナー制度が1999年に開始された。

　そば畑のオーナー制度では，都市住民が圃場の一時的なオーナーになり，そば栽培の体験が行われた。このようなオーナー制度は高齢化によって耕作放棄地となった圃場の有効活用につながるだけでなく，そば栽培の体験という観光アトラクションを生み出すことになった。また，都市住民はそばの栽培体験だけでなく，そば挽きやそば打ち・そば切りも体験するようになり，それらの体験後には地元で日常的に食べられている「けんちんつけそば」も味わうこともできた。「けんちんつけそば」は，地域の農家レストランとそば打ち体験施設を兼ねた「そば工房」の人気メニューとなり，農村観光の重要なアトラクションの1つとなった。「そば工房」は地域のそば食を商品化するために農家の主婦によって開業され，そばのオーナー制度の発展とともに，その利用者は増加している。「そば工房」では，そばを中心とする地域のスローフードを挽きたて，打ちたて，茹でたてで提供し，「金砂郷そば」の十割そばも提供している。十割そばは，そ

ば食のグルメ（美食）
の１つであり，金砂
郷地域ならではのそ
ば食である。

　金砂郷地域におけ
る高齢過疎農村の再
編は，そばの栽培景
観などを含む農村
景観を基盤にして，
オーナー制度による
そば栽培やそば打ち
などの農業体験の空
間が広がっている。
さらに，郷土食や生
活文化に基づくス
ローフードの空間が
農村空間と重なり，
十割そばを提供する
美食の空間も発達し

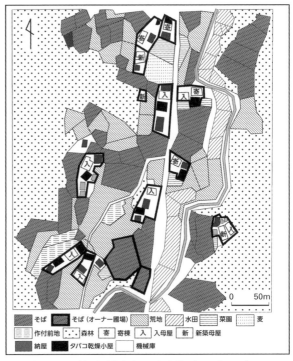

そば　　そば（オーナー圃場）　荒地　　水田　　菜園　　麦
作付前地　森林　寄 寄棟　入 入母屋　新 新築母屋
納屋　　タバコ乾燥小屋　　機械庫

図4　茨城県の金砂郷地域赤土地区の土地利用（2000年10月）
　　　（現地調査により作成）

ている。ここでは，「常陸秋そば」の起源地としての風土が「農」空間の生活文化
やそばの栽培，および地域コミュニティと結びつくことで，そばに基づくルー
ラリティ（農村らしさ）が醸成されている[2]。

4 「農」空間の地域的な特徴とは

「農」空間は生態的基盤と経済的基盤，および社会的基盤により構成され，そ
れらの相互関係によってルーラリティ（農村らしさ）が醸成される。そのた
め，農地の減少や農業の衰退，あるいは農村人口の流出や都市住民の流入に
より，「農」空間はルーラリティの弱体化の方向で変化する。「農」空間は都市と
の関係によって性格づけられてきた。「都市」空間も，「農」空間と同様に生態的
基盤（都市景観や土地利用）や経済的基盤（都市的経済活動），および社会的基盤

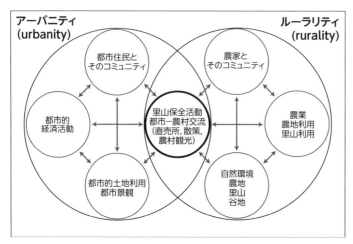

図5 ルーラリティとアーバニティの相互関連性のモデル

（都市住民とそのコミュニティ）によって性格づけられ，それらの相互関係により アーバニティ（都市らしさ）がつくられている。ルーラルティとアーバニティは相反する関係であり，競合することでどちらかが大きくなり，どちらかが小さくなる。そのようなルーラリティとアーバニティの競合関係や大きさの違いは，都市からの距離によって異なる。

　ルーラリティとアーバニティとの関係をモデル的に示した図5によれば，都市近郊農村における生態的基盤と経済的基盤，および社会的基盤は都市的要素やアーバニティの拡大にともなって脆弱となる傾向を強くしており，1つの基盤の衰退は他の基盤に影響を及ぼし，ついにはルーラリティの衰退を決定づけてしまう。しかし，「農」空間の生態的基盤が里山の林地や谷地田を保全することにより維持されるならば，あるいは農業体験農園の発展や農産物直売所の立地などにより農地利用と農業活動が維持されるならば，1つの基盤の維持・発展は他の基盤にも維持・発展する方向で影響を及ぼし，ついにはルーラリティの維持・発展にもつながっていく[3]。

　都市近郊においては，ルーラリティの維持・発展はアーバニティとの関連で推進されている。本来，ルーラリティとアーバニティとは相反するものであり，アーバニティの発達とともに，ルーラリティはアーバニティと共存することなく衰退する傾向にあった。しかし，都市住民がさまざまな形でルーラリティの恩恵を良好な居住環境や余暇空間として，あるいは新鮮で安全安心な農産物と

して得ることができれば，それらの機能がルーラリティとアーバニティを結びつける ノード（結節点）となり，ルーラリティとアーバニティは共生することができる。このようなルーラリティとアーバニティとの共生が都市近郊の「農」空間を性格づけるもう 1 つの姿であり，「農」空間を維持させる方法でもある。

　他方，都市遠郊における「農」空間もルーラリティとアーバニティとの相互関連性で性格づけることができる。都市の影響は一般に形態的な影響と機能的な影響に大別できる。形態的な影響は，都市的要素の拡大にともない土地利用や景観が変化することであり，可視的な現象として把握できる。機能的な影響は都市的要素の拡大にともない，就業構造や生活様式が変化することで，必ずしも可視的な現象とはいえない。都市遠郊農村では，生産年齢人口が就業構造の変化から流出し，生活様式の変化や都市的産業への就業が農村に過疎化や高齢化などをもたらし，ルーラリティを弱体化させてきた。

　一般的に，農村における生産年齢人口の流出は農業の衰退や不耕作地の増加，および農村コミュニティの崩壊につながっている。しかし，都市遠郊農村でもルーラリティとアーバニティを共生させることで，「農」空間の維持・発展が可能になっている。具体的には，農地のオーナー制度を利用した不耕作地の活用であり，都市住民が不耕作地を利用して農業体験を行うことで，「農」空間としての農地や農業が維持される。この場合は，ルーラリティとアーバニティの結節点として機能するものとして農地や農産物が重要であり，それらを確保することで「農」空間の生態的基盤と経済的基盤が維持される。経済的基盤が農村観光によってさらに発展することになれば，交流人口が増加し，人口流出も抑制されるようになる。そして，農村コミュニティも再編され，都市遠郊の「農」空間は再生されるようになる。つまり，農村と都市の住民が結節点で交流することによりルーラリティを支えられ，「農」空間は都市共生することができる。

参考文献
1) 田林　明編著(2015):「地域振興としての農村空間の商品化」農林統計出版.
2) 菊地俊夫(2016):「フードツーリズムのすすめ－スローライフを楽しむために－」フレグランスジャーナル社.
3) 田林　明編著(2013):「商品化する日本の農村空間」農林統計出版.

「農」空間としての地域の見方・考え方をさらに深める一冊
田林　明・菊地俊夫(2000):「持続的農村システムの地域的条件」農林統計出版.

7章 文化に関わる地域の見方・考え方

松井　圭介

1 「文化」の視点から地域を学ぶための背景と方法

　文化とは，きわめて多岐な内容を含む総合的な概念であるが，社会のなかで共有された考え方や価値観のまとまり(体系)を指すものといえよう。文化の諸要素は，精神的文化(思想や宗教，言語，文学，芸術，学問など)や制度的文化(法律，政治，経済，道徳など)，物質的文化(道具，機械，科学や技術など)などに大別されるが，文化とは人間集団が生活を営むうえで，生み出され伝えられてきた生活様式の総体を指すといえる。

　地表面に生起するさまざまな現象の空間的な特性を探究する地理学において，地域的な多様性をもつ文化現象は重要なテーマとなる。一例を挙げよう。図1は世界の宗教分布を示したものである。民族宗教は，ユダヤ教や，ヒンドゥー教，道教や神道のように信仰と社会集団が合致する宗教で，特定の地域や居住民族に根差した宗教である。一方，世界宗教はキリスト教やイスラーム，仏教のように，特定の地域や民族を超えて世界的に信仰が広がっている宗教を指す。地理学では，こうした宗教分布の特徴や要因，各地域における宗教と他の生活文化との関わりに関心を向けてきた。最大の信徒数をもつキリスト教は，特にヨーロッパからアングロアメリカ，ラテンアメリカを中心として，サハラ以南のアフリカやオセアニア地域にも広く分布している。他方，イスラームは西南アジアから北アフリカにかけての地域，ヒンドゥー教がインド，仏教が東アジア，東南アジア地域に分布している。このように世界宗教に限らず，民族宗教も民族や国境を超えて，創唱された地域から世界各地に広がっている。現代世界における宗教分布は，当該宗教の起源地(発祥地)と歴史的背景や自然環境，信仰者となった民族と使用言語などとの関わりから説明がなされることが多く，世界宗教の場合はとくに，民族移動や布教，国家政策(国教化)など伝播と定着要因が議論されてきた。

　地理学では，文化に関わる学びとして，対象とする文化現象を土地(場所・空間)

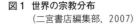

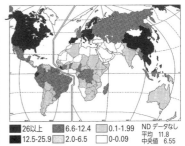

図1　世界の宗教分布
（二宮書店編集部，2007）

図2　全家畜に占める豚の割合
（山本ほか訳，2001）

と結びつけて考えることが大切である。宗教であれば，どの範囲に分布しているのか，なぜそのような分布パターンを形成するに至ったのか，信仰が伝播した地域では，その宗教が広がることによって，自然環境や社会・経済・政治などの制度にどのような影響を与えたのか，といった視点が考えられる。

　図2は世界各国における全家畜に占める豚の割合を示したものである。豚の飼育割合は，中国や東南アジア，ヨーロッパやアングロアメリカで高く，西南アジア，アフリカ諸国などで低い割合を示している。家畜とされる動物の選択には，当該民族の宗教と大きな関わりがある。イスラームでは聖典（クルアーン）のなかに豚に対する禁忌があり，西アジアから北アフリカにいたる広大な地域では豚がほとんど飼育されていない。同様にユダヤ教でも豚が不浄とされている。豚は主に中国とヨーロッパで家畜化されたため，この両地域では現在でも豚の割合が高率である。東南アジアやアングロアメリカでは，これら両地域からの移住者が豚の飼育をもたらした。一方で，豚は反すう動物でないため草地に放牧することができず，群れにして長距離移動させることが困難であり，遊牧には適していない。このように，豚飼育の分布が宗教や移住といった文化的・社会的条件に加えて，豚の動物としての特性や地域の自然環境とも結びついていることがわかる。

2 「文化」の視点から空間の理を学ぶ研究事例①
　合掌造り集落景観の形成と要因

　地理学における基本的な思考様式は，空間的な思考（spatial thinking）であ

る。文化に関わる地理学では，人間の生活の営みである文化現象を対象に，分布パターンを把握し，その合理的な説明・解釈を行うことを通して，文化の地域的特性の解明に取り組んできた。その際に，地理学が重んじたのが環境的要因の相互作用である。自然的条件（地形や気候，土壌，植生，水環境など）や歴史・文化的背景，社会・経済的条件など，人間（集団）を取り巻く環境要因との関わりから，文化現象を読み解こうとしてきた。人間（集団）が生活を営む上で，自然条件の影響をうけることは言うまでもない。一方で人間は自然条件を克服し，利用し，地域社会において特色ある生活文化を育んできた。

図3　富山県南砺市における合掌造り集落の景観
（2015年9月筆者撮影）

図4　岐阜県白川村の合掌造り家屋
（2015年9月筆者撮影）

　図3は合掌造り集落として知られる越中五箇山（富山県南砺市）相倉集落の景観である。手のひらをあわせた（合掌した）形に屋根型が似ていることから「合掌造り」と呼ばれた集落の景観は，1995年に世界文化遺産に登録され，集落景観の保全がなされている。民家建築（集落）には，風土を反映した地域的特色がある。合掌造り集落が，庄川上流域の越中五箇山から飛騨白川（岐阜県白川村）にかけての山間部の集落に分布しているのはなぜだろうか。

　五箇山は古くから平家の落人伝説が伝えられる秘境であった。江戸時代，加賀藩主・前田利家は，周囲から隔絶された山中にあったこの地域に目をつけ，ここで火薬の原料となる塩硝を生産していた。急流であった庄川には架橋がされず，人々の往来は両岸に張られた綱による籠渡しに頼っていた。加賀藩では庄川右岸に流刑小屋を作り，政治犯の流刑地として利用していた。米の収穫ができない五箇山では，小さな畑で自給用のヒエやアワ，ソバ，マメ，イモ類が栽培されたほか，年貢用の商品作物として，和紙，生糸，繭，山菜・キノコ類，その他の加工品が生産されていた。

屋根は固定されず1階の梁の上に
乗せられている。茅葺屋根と合掌部
分は釘を使わずにネソ（まんさくの
若木）を用いて結び付けられている
（図4）。囲炉裏の煙りは屋根をいぶ
し，年月を経るほど繊維が縮んで固
く締まり丈夫になるとともに，防虫・
防腐作用も果たしている。屋根の茅
は，結と呼ばれる村人の共同作業に

図5 岐阜県白川村の合掌造り家屋の屋根
（2015年9月筆者撮影）

より葺かれていた。屋根の傾斜が急であるのは，雨雪を容易に落下させるため
である。豪雪地帯であり軒下には融雪用の池や水路も設けられている。床面積
が広く垂直的にも大きな空間をもつ家屋は，住居機能と生産機能を有している
（図4）。耕地が少なく慢性的に土地不足であったこの地域では，長男がすべて
の財産を相続する長子相続や複数家族が同居する大家族制度も珍しくなかった。
また冬場は雪で屋外での農作業ができないため家屋内で，和紙や養蚕などの労
働集約的な家内制手工業が行われていた。

　集落全体の景観を改めてみると，わずかな平坦地に屋敷地と耕作地が寄り添
い高密度に分布している（図3）。一方，隣家との境には生け垣や塀はなく開放
的で，農機具などを収容する付属施設も少ない。このように合掌集落の景観は，
地域の自然条件や歴史的・文化的背景，社会・経済的条件をもとに存立した集
落景観といえる。

3 「文化」の視点から空間の理を学ぶ研究事例②
文化景観をどう読むか

　地理学では従来，地域の生活文化を理解する手掛かりとして文化景観に着目
し，その特色を注意深く観察・記述し，環境的要因の相互作用から景観形成の
メカニズムの解明を課題としてきた。五箇山・白川郷の合掌造り景観も，雪深
い隔絶山村に位置する自然条件に加え，この地に住まう人々の生活の営みが形
成してきたものである。こうした地理学の伝統的な考え方は現代でも有効であ
るが，景観を所与のものとし客観的に記述するだけでなく，景観が人々にどの

図6 軍艦島と観光客
（2019年8月筆者撮影）

図7 長崎県平戸市における
世界遺産・春日集落の
棚田
（2020年9月筆者撮影）

ように理解されているのか，景観のもつ観念的・主体によって経験される意味
を考えることが重要である。

　図6は，軍艦島（長崎市端島）を訪れる観光客の様子である。軍艦島は明治
期から1974年の閉山まで，海底炭鉱の採炭地として炭鉱労働者の居住施設が
高密度で立ち並ぶ島であった。最盛期には年間40万t以上の石炭を産出し，人
口も5,000人を超えた。閉山後は無人島となったが，2015年には世界遺産に
登録され，多くの観光客が訪れている。図7は長崎県平戸市にある春日集落
の棚田である。平戸はフランシスコ・ザビエルが来航（1550年）し，日本で初
めてキリシタンの信仰が布教された地であった。春日集落では，禁教令が解か
れた（1873年）のちもカトリックに復帰せず，先祖から伝えられたかくれキリ
シタンの教えを守ってきた。禁教時代の景観が残る棚田は，2018年に世界文
化遺産に登録され，広く知られるようになった。これら2枚の写真はいずれも
「傑出した普遍的価値（outstanding universal value）」をもつ場所として評
価され，世界文化遺産に登録されているが，そもそも場所の価値とは何だろう
か。先入観をもたらずに写真をみると，なぜ，この老朽化した今にも倒壊しそ

うな建物群を見学するために多くの観光客が訪れるのだろう。春日集落の棚田は確かに審美的なまなざしを受けても不思議ではないが、日本の「棚田百選」(1999年農水省認定)には選ばれていない。なぜこの棚田百選には選ばれていない棚田の風景が国の重要文化的景観に選定されたのか、そして世界遺産としての価値をもつのか。観光客はこの風景に何を想うのであろうか。

　これらの場所に観光客が訪問するのは、ここが「訪れる価値のある場所」としての「まなざし」が注がれているからである。景観の意味は、主体によって異なるだけでなく、社会・歴史的な状況に応じて変化する。1960年代に軍艦島や春日集落に対して、文化財として審美のまなざしを注ぐ人はなかったであろう。景観は現実的・客観的に存在するものとして捉えるだけでなく、人々がそこにどのような意味を読み込み、消費しているのか、またそのような景観に込められた意味はどのような主体が作り出しているのか。地理学から文化を考えるうえで欠かすことのできない視点である。

4 「文化」の視点からみた地域的な特徴とは

　五箇山・白川郷の合掌造り集落の景観は、この地域の環境的要因によって生みだされたものであった。しかし時代が変われば、住民の生活様式も大きく変化する。屋根材となる良質な茅の安定的な確保は困難となり、農外就業が一般化した集落では結の慣行が崩れ、労力交換の維持・継承ができなくなった。ひとたび生活様式が変わると、合掌造りの家屋は生活に不便なものとなってしまった。屋根が高いため冬の寒さが厳しく、また高齢者には雪下ろしは危険な作業である。火事にも弱く、囲炉裏を使用しない生活では屋根の耐久年限が大幅に短くなった。伝統的な集落景観を支えてきた地域システムが崩壊するなか、合掌造りの家屋は急減し、トタン屋根の家も目立つようになった(図8, 9)。

　合掌造り家屋の減少に強い危機感を覚えた住民や関係者のなかから、

図8　岐阜県白川村における非合掌造り民家と混在する集落景観(2015年9月筆者撮影)

図9　白川郷荻町地区における土地利用
（2015年）（羽田ほか2016）

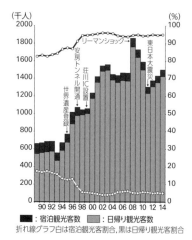

図10　白川郷における観光客の推移
（1989～2014年）（市川ほか2016）

保存運動が始まった。白川郷では，合掌造りの家屋に耕地や山林を含めた集落の景観全体を保全していこうとする住民運動が始まった。「白川郷荻町集落の自然環境を守る会」（1971年）が発足し，合掌家屋の「売らない」「貸さない」「壊さない」の３原則の住民憲章が策定された。その後「重要伝統的建造物群保存地区」指定（1976年）に続き，1995年に世界文化遺産に登録され，以降，観光客は急増した（図10）。そのため，観光客を対象とした民宿経営や土産物販売，飲食業など観光関連産業に従事する住民が増加している（羽田ほか2016）。

　観光客は合掌造り集落に何を求めているのだろうか。黒田（2007）は，テレビの旅番組において，出演者の語りを分析している。そこでは，郷愁，原風景，古き良き日本，昔話，おとぎの国，美しい心，素朴な暖かさ，といった言葉とともに，合掌造り集落が紹介されている。ここで消費の対象となっているのは，共有されたイメージとしての「ふるさと」や「原風景」である。それは人々にとって固有な場所である「故郷」ではない。宮崎駿のアニメで描かれる風景といってもいいだろう。特定個人のアイデンティティーとしての故郷ではなく，「どこにもない」でも「どこにでもある」ふるさとイメージである。茅葺屋根，水田，小川のせせらぎ，小高い丘，裏手に広がる林…。お年寄りと子どもたちが仲良くのんびりと暮らす田舎の風景が合掌造り集落に求められているのだろうか。ここでは「日本人のふるさと」といった表現とともに，「ナショナルなふるさと」

図11 白川郷における土産物店のディスプレイ
（2015年9月筆者撮影）

図12 モチアワの栽培景観
（2015年9月筆者撮影）

イメージが創出されているといえるだろう。図11は，白川郷における土産物店のディスプレイの例である。竹細工の魚籠や笠をはじめ，「古き良き農村らしさ」を想起させる風景である。図12には白川郷内民家園で栽培されている「モチアワ」である。かつて生産されていた穀物が復元されているのは観光目的だけではない。地域の生活文化を復元・保存することは，住民にとってアイデンティティーのよりどころにもなる。

　文化の視点から地域を視るうえで重要なことは，このような生活文化の保全や利活用においてしばしば，景観の創出や意味づけがなされることである。そしてそこに込められたメッセージが何であるのか，誰がどのようにしてそのような意味づけを行っているのか，さらにはそれが人々にどのような影響を与えているのか，注意深くみていくことが大切となる。

参考文献
1) 市川康夫・羽田司・松井圭介(2016)：日本人・外国人ツーリストの観光特性とイメージにみる白川郷の世界遺産観光．人文地理学研究，36，11-28.
2) 羽田司・松井圭介・市川康夫(2016)：白川郷における農村像と住民の生活様式．人文地理学研究，36，29-42.
3) 黒田乃生(2007)：「世界遺産白川郷」筑波大学出版会.
4) デイビッド・クリッグ著，山本正三・手塚章・村山祐司訳(2001)：「農業変化の歴史地理学」二宮書店.

文化に関する地域の見方・考え方をさらに深める一冊
中川正・森正人・神田孝二(2006)：「文化地理学ガイダンス」ナカニシヤ出版.

8章 空間的思考からみた地域の見方・考え方

若林　芳樹

1 空間的思考と地理的見方・考え方

　GIS（地理情報システム）が空間的思考の指導に有効であることを説いた，アメリカ学術会議（NRC）のレポート『空間的思考を学ぶ』（NRC, 2006: 25）が2006年に出版された。これを1つのきっかけとして，最近のアメリカ合衆国の地理教育では空間的思考が1つのキーワードになっている。

　空間的思考の捉え方にはさまざまなものがあるが，前述のレポートでは，「空間的概念に基づいて，空間的表現ツールを駆使しながら行われる空間的推論の過程」と定義されている。それは，学術研究や学校教育だけでなく日常生活のさまざまな場面に応用できる思考様式である。

　例えば，荷物のパッキング，部屋の家具の配置換え，外来者への道案内などの場面では，対象を空間的に捉えなければ作業がこなせない。仕事場では，タクシー運転手の乗務や建造物の設計など，地図や図面を使う専門的業務において空間的思考が不可欠になる。科学的研究では，ノーベル生理学・医学賞を受賞したワトソンとクリックによるDNAの二重らせん構造の発見において，2次元のX線結晶解析画像から3次元構造を推理するのに空間的思考が使われていたという。

　こうした空間的思考の指導に力点を置いたアメリカ合衆国の地理教育の指導書として，Gersmehl（2008）の著書がある。同書には，アメリカ地理学会（AAG）と共同で開発したマルチメディア教材がCD-ROMに収められており，初等・中等教育での実践的指導を念頭に置いた内容と構成になっている。

　Gersmehl（2008）がとりあげた空間的思考の構成要素は，次の8つからなる。

① 比較（comparison）：ある場所の特徴を捉えるために，他の場所と比較して類似性と相違点を明らかにする

② アウラ（aura），または影響（influence）：ある事象が近傍に及ぼす影響をみる

③　地域（region）：類似した性質をもつ場所を地域としてグループ化して捉える

④　階層（hierarchy）：地域を空間スケールの重層構造のなかで位置づける

⑤　推移（transition）：事象の空間的分布の傾度を捉える

⑥　類推（analog）：似通った状況にある場所の性質を推理する

⑦　パターン（pattern）：ある事象の分布に規則性を見つける

⑧　関連性（association またはcorrelation）：ものごとが同時に発生したり，類似した空間的パターンをとる事象はないかを探す

　これらは，いずれも対象を地図化することで明らかになる性質のものである。また，それは日本の高等学校学習指導要領で「地理」が目標とする「社会的事象を，位置や空間的な広がりに着目して捉え，地域の環境条件や地域間の結び付きなどの地域という枠組みのなかで，人間の営みと関連付けること」とされる地理的見方・考え方とも部分的に重なるところがある。

　この章では，筆者が手がけてきた少子化と女性労働をめぐる地理学的研究を事例にしながら，地理学研究における空間的思考の有効性を紹介する。

2 出生率と女性就業の地域的傾向

　日本で少子化が社会問題として注目を集めるようになったのは，「1.57ショック」として出生率の低下に注目が集まった1990年以降である。これは合計特殊出生率（TFR: Total fertility rate）が丙午に当たる1966年に一時的に低下して以来，1990年に最も低い値を記録したのがきっかけになっている。その後も継続してTFRは低下し続け，2015年には1.45にまで下がっている（人口動態統計による）。この傾向が続けば，労働力が減少して経済成長が鈍化し，年金などの社会保障制度にも深刻な影響を与えるおそれがある。そのため，政府はさまざまな少子化対策を講じてきた。

　そこで，まずTFRの都道府県別分布図から空間的パターンを読み取り，それに影響する要因を探ってみる。TFRとは，15～49歳の女性の年齢別出生率を合計した値で，一人の女性が生涯に産む子ども数の平均である。このため，TFRは地域の人口構成の偏りを除去し，地域や時代を超えた出生力の比較を容易にする。

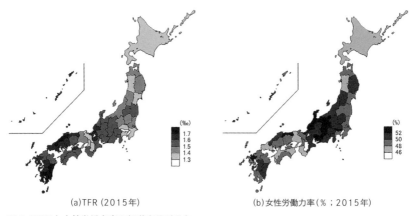

(a)TFR (2015年)　　　　　　(b)女性労働力率(％；2015年)

図1　TFRと女性労働力率の都道府県別分布
　　資料：TFRは人口動態統計，女性労働力率は国勢調査

　図1(a)にみられるTFRの分布は，大都市圏ほど低く，地方で高い傾向がある。子細にみると，東北日本よりも西日本でやや出生率は高く，西高東低のパターンもある。つまり，空間的思考の「⑦パターン」についていえば，TFRの分布はランダムではなく，一定の規則性がある。また，「⑤推移」という面から見て，TFRの値は空間的になだらかに変化しながら連続的に分布している。言い換えると，TFRには似通った値が互いに近接して分布する正の空間的自己相関がみられる。

　出生率の要因を探るために，関連する指標で分布図を作成して比べてみるのが地理学の常套手段である。前述の空間的思考でこれは，他の事象との「⑧関連性」をみることにつながる。少子化研究では，従来，先進国の出生率と女性労働力率に正の相関がみられることが指摘されてきた。日本国内でこれを検証するために，都道府県別女性労働力率の分布を示したのが図1(b)である。これと図1(a)の出生率との相関係数を求めると，R＝0.303と弱い正の相関が認められる。

　ただし，単位地区を市区町村に変更して同様の分析を行うと，やや異なる結果が得られる。図2は，TFRと女性労働力率を市区町村別に示したものである。全体的な傾向は，図1と類似しているが，都道府県レベルで低いTFRを示す北海道，東京，京都は，都道府県内での地域差も大きいことがわかる。このように，地域は空間スケールに応じて任意に設定できるが，都道府県レベルで得られる傾向が市町村レベルでも同様にみられるとは限らない。

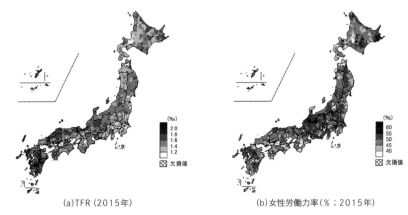

(a)TFR (2015年)   (b)女性労働力率(％;2015年)

図2　TFRと女性労働力率の市町村別分布
　　資料：TFRは人口動態統計，女性労働力率は国勢調査

　例えば，TFRと女性労働力の市町村データを都道府県ごとに相関分析を行うと，必ずしも一貫した結果は得られない。北海道の場合，TFRと女性労働力率の間にはR＝0.822と高い正の相関があるのに対し，東京都ではR＝－0.252と負の相関がみられる。これは，地理空間データ特有の「空間的非定常性」を表し，地域によって出生率を規定する要因が異なることを示唆する。

　ところで，女性労働力率は年齢によって異なり，日本では従来からM字型のカーブを描くという特徴が指摘されている（図3参照）。これは，20歳代前半で就職した女性は，結婚や出産を機に離職する傾向があり，それが30歳代前後での谷間となって現れることを示唆している。しかし，子どもの手が離れる40歳頃から女性労働力率は再び上昇するため，全体としてM字型になるのである。

　女性労働力率曲線の形状には地域差があり，M字の谷の深さは全国的に浅くなってきているとはいえ，都道府県による違いがある。そこで，クラスター分析を用いて都道府県の年齢別女性労働力率によるグループ分けを行った結果が図4である。図3には，分類された3つのグループ

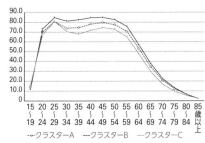

図3　年齢別女性労働力率のパターン
　　資料：2015年国勢調査

ごとに平均を求めてＭ字型カーブを描いている。このように，似通った性質の地域をグルーピングし，その空間的パターンを要約したり一般化するのは，空間的思考では「③地域」に相当する。

これらの図から，クラスターＡは中間型で，おもに大都市圏外に全国的に広がっている。大都市でも東京都がこれに含まれているのは，都区部と多摩地域の差が相殺されているためと考えられる。クラスターＢは女性労働力率曲線が逆Ｕ字型で結婚や出産の時期も就業を継続する女性が多いという特徴がある。これは東北から山陰の日本海側と九州地方に分布するが，この地域は３世代世帯の比率が高いという共通点がある（図５）。このことから，親族の育児支援が受けやすい環境にあるため，結婚・出産後に就業継続しやすいと考え

**図４ 女性労働力率曲線に基づく都道府県の
　　　クラスター**

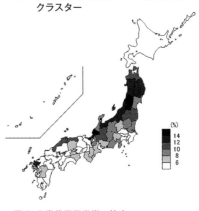

図５ ３世代同居世帯の比率
資料：2015年国勢調査

られる。クラスターＣは，Ｍ字カーブの谷が深く，全体的に女性就業率が低い地域で，東京・大阪の大都市圏に多くみられる。特に東京都を除く南関東，大阪圏の兵庫・奈良といった郊外の県が含まれ，図５の３世代同居世帯率が低い地域と重なっている。このことから，親族からの育児支援が受けにくい大都市圏郊外では子どもを持つ母親の就業継続が困難であると考えられる。

3 子育て支援における保育所の役割

前述のように，親族や近隣での育児支援が受けにくい大都市圏では，育児を代行する保育所が女性の就業継続にとって重要な役割を果たしてきた。働く母

親の増加とともに保育所の利用者も増え続け，認可保育所への入所を希望しても入れない「待機児童」と呼ばれる子どもの数も増加している。そこで政府は，保育所の数や種類を拡大して保育所の収容力を増強してきたものの，2015年時点では全国に23,167人の待機児童が発生していた。

図6に示したのは，都道府県別にみた保育所定員に対する待機児童の比率であり，遠く離れた東京と沖縄がともに高いのが目を引く。空間的思考の「⑥類推」に基づくと，これらの都県に共通する要因が働いている可能性がある。しかしTFRでは東京は全国最低で，沖縄は全国一高い値を示しており，家族構成や産業構成の面で東京と沖縄は大きな違いがみられる。このことから，待機児童の多さは東京と沖縄では異なる要因が作用していると考えられる。

ここで，空間的思考の「①比較」を用いて，2つの都県の相違点を吟味すると，沖縄の特殊性が明らかになる。すなわち，沖縄で保育所待機児童が多いのは，出生率が高いために低年齢児の保育ニーズが大きいことや，戦後の米国占領下での保育所整備の立ち後れや米国式幼児教育の影響で5歳児が公立幼稚園に入園する習慣があるといった事情が背景にある。

待機児童を解消するために，各自治体は認可保育所の新設や定員の増加に取り組んできたが，都心部の自治体のなかには近隣住民の反対によって保育所立地をめぐる紛争が発生したケースもあった。一方，子育て世代の入居を促進するために，保育所を併設したマンションも増えてきている。こうした事例は，利用する側からみると保育所は「正の外部性」をもたらす存在であるが，閑静な住宅地に住む高齢者にとって保育所は「負の外部性」をもたらす迷惑施設として捉えられていることを示唆している。このように，ある施設の立地が周辺に及ぼす影響は，空間的思考では「②アウラ」を捉えていることになる。

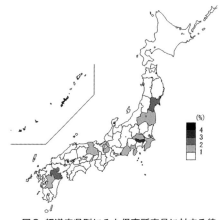

図6 都道府県別にみた保育所定員に対する待機児童の比率(2015年4月)
厚生労働省の資料に基づき作成

4 空間的思考のもう一つの側面

　ここまでTFRと女性労働力率の関係を検討し，媒介項となる子育て支援の資源となる親族との3世代同居率や保育所整備状況をみてきた。しかしこれらは既婚者の出生力に関するもので，未婚者の影響は考慮していない。むしろ日本における少子化の最大の原因は，未婚者の増加にあるといわれている（赤川2017）。実際，図1のTFRと生涯未婚率の相関を求めると，R＝0.701と高い正の相関がある。つまり，男女共同参画の指標としての女性労働力率と，少子化の指標としての出生率とは因果的に結びつけることには無理があると考えられる。このため，見かけ上の相関と因果関係を混同しないことが肝要である。

　ところでGersmehl（2008）は，空間的思考に時間的側面を加えた次の3つの切り口を挙げている。

(a)　変化（change）：時間とともに場所の状態がどう変化するか。

(b)　移動（movement）：時間に伴うあるものごとや事象の位置の変化。

(c)　拡散（diffusion）；時間に伴って事象の分布範囲が広がること。

　ここで，TFRの「(a)変化」について考えてみる。図1のように大都市圏ほどTFRが高く全体的に西高東低の分布を示す傾向は，2000年代以降に顕著になり，それ以前は東高西低の時期があったものの，大都市圏で低い傾向は一貫して変わっていない。このため，都市化が出生率を規定する要因であることは明らかである。第二次世界大戦後，ほぼ一貫して日本の出生率は低下してきているが，それは都市化にともなう低出生力の地域が大都市から地方へ「(c)拡散」した結果とみなすことができる。

　また，こうした変化や拡散をもたらすのは，人の「(b)移動」である。例えば都市化は農村から都市への人口移動によって引き起こされる。特に非大都市圏から大都市圏へ移動する初婚前後の世帯では，その他の移動者よりも平均子ども数が少ないという報告もあり，都市への移動が出生率の低下にも結びつくことが示唆される。このように，時間的側面を加えることにより，地域差の形成過程を知り，将来を予測する手がかりが得られる。

　Gersmehl（2008）は，空間的思考に関連して立地（location）を捉えるための2つの側面に注意を喚起している。その1つは「サイト（site）」（または土地の状態condition）という側面で，そこがどのような状態の土地かに着目する

捉え方である。これは，ローカルな(おもに自然)条件からみた土地の状態を表す。もう1つは「シチュエーション(situation)」(または関係connection)としてみた立地で，特定の場所が別の場所とどのような関係にあるかという捉え方である。これは，他の地域との関係でみた相対的位置を表し，交通手段や人口分布によって変化することがある。Gehsmehl(2008)は，立地を考える際に，サイトとシチュエーションの両面から考える必要があることを力説している。

　これを保育所の立地に当てはめてみる。2015年における江東区の保育所(認可保育所と都の認証保育所)は154施設存在し，特に臨海部の埋め立て地で増えている。これをシチュエーションの面からみると，都心への近接性の高い臨海部にマンションが多く建設され，そこに子育て世代が流入したことが背景にあると推定される。一方，サイトとして評価すると，洪水ハザードマップと重ねてみた保育所の立地は，69%に当たる107施設が洪水浸水想定区域内に含まれている。その分布をみると，意外なことに区の南端にある新しい埋め立て地は浸水危険度が低い。この地区にはタワーマンションが新たに建築されたところも多いが，浸水のリスクは比較的小さいといえる。ただし，埋め立て地同士をつなぐ橋も冠水するとすれば，洪水時にはこれらの地区も孤立する危険性は否定できない。今後は保育所などの施設立地では，災害リスクに対する配慮も必要になるであろう。

　このように，自然や社会経済に関するさまざまなレイヤを重ね合わせてサイトとシチュエーションを関連づける際に，GISが有効性を発揮する。つまり，GISは空間的思考にとって有用な支援ツールとなるのである。

参考文献

1) National Research Council (2006)：Learning to Think Spatially. Washington D.C.: The National Academic Press.
2) Gersmehl, P. (2008)：Teaching Geography (2nd. Ed.). New York: Guilford Press.
3) 赤川　学 (2017)：「これが答えだ！少子化問題」筑摩書房.

女性就業に関わる地域の見方・考え方をさらに深める一冊
由井義通・神谷浩夫・若林芳樹・中澤高志編著 (2004)：「働く女性の都市空間」古今書院.
武田祐子・木下禮子・中澤高志・若林芳樹・神谷浩夫・由井義通・矢野桂司 (2007)：「地図でみる日本の女性」明石書店.

9章 観光に関わる地域の見方・考え方

有馬　貴之

1　観光と観光空間の捉え方

　観光とは何だろうか。「光を観る」と書いて観光であるから，風光明媚なものを見ることを指すのであろうか。この「観光」という言葉は，英訳を参考にすると実は理解しやすい。観光は直訳するとsightseeingとなるが，現代ではこの訳は古く，例えば国連世界観光機関の英訳はUnited Nations World Tourism Organizationであり，観光はtourismと訳されている。ゆえに，日本では「ツーリズム」というカタカナ語も近年用いられるようになっている。tourismはsightseeingよりもより広い意味を持ち，人の移動や流動を意味するものである。転じて，今日の観光，すなわちツーリズムは「非日常生活圏への移動，またその流動」として理解すべきである。

　ここで，観光という現象を理解するための概念を紹介したい(図1)。観光現象には観光者，つまり観光客の存在が欠かせない。彼等がいないと観光は成り立たない。一方で，観光者が向かう先である観光地も必要である。当たり前だが，観光者は観光地に移動する。逆に，観光地は観光者に来てもらうべく宣伝や案内を行う。この観光者と観光地をつなぐ役割は主として交通や旅行会社，メディアなどが担っているが，こういった観光者と観光地を取り次ぐものを観光媒体という。総じて，観光について考えたり，論じたりする際には，この観光者，観光地，観光媒体という3つの視点を踏まえておくことが大切である(図1)。そうすれば，自分自身が今ど

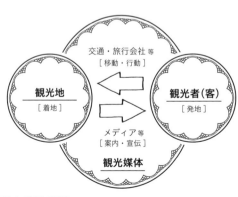

図1　観光の構造

ういう位置づけで観光現象を
論じているのか，頭の整理が
できるであろう。

　地理学の中で観光現象を取
り扱う分野を観光地理学とい
うが，観光地理学の視点，す
なわち観光の「地」の「理」を考
察するための6つの主な視点
を紹介しよう。まず，①観光
者数の視点である。対象とす
る地域にどれだけの，どのよ

図2　ガイドブックが伝える観光地のイメージ
（2020年9月筆者撮影）

うな観光者が来訪しているか，そしてその数はどのように変化してきたのか，
まず理解すべき点である。次に，②歴史の視点である。当該地域はどのような
歴史を刻んできたのだろうか，地域の歴史（内部）と，地域を取り巻く社会の歴
史（外部）の双方の歴史を理解しておく必要があろう。続いて，③観光者の空間
的な移動の視点も欠かせない。その場に訪れた観光者はどこから来たのか，ま
た観光地内のどこに行き，どれくらいの時間を消費しているのか，そして，そ
れは何故か，理解しておきたい項目である。一方，観光者の利用する④観光資
源や観光施設を空間的に把握する必要もある。宿泊施設などの観光施設はどこ
に立地，分布しているのか。また，それらはどのように土地を利用しているの
だろうか。観光地を理解する上で基礎的な視点である。そして，それらの⑤観
光地に住む，もしくは働く人々の生活や生業の視点も忘れてはならない。観光
者の移動や行動の理解と同様に，観光地を形作る地域住民やそこで働く経営者
や労働の理解も観光地理学においては主要な議題である。住民生活を把捉する
ためには丹念な聞き取り調査なども必要で，地理学者の得意とするフィールド
ワークのノウハウが発揮される場面でもある。最後に，⑥観光空間が創造する
文化的意味を理解する視点も面白い。例えば，対象とする観光地はどのような
イメージを社会に創出しているだろうか（図2）。そして，それは何故だろうか。
その理解は地域の理解にとどまらず，観光現象そのものへの理解にもつながる
であろう。以上，研究などで実際に観光空間を理解する際には，これらの6つ
の視点のなかから複数を選び，調査と考察を重ねていくのが定石である。

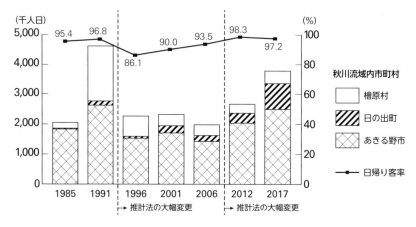

図3 秋川流域における観光者数(延数)の推移
(各年『西多摩地域入込観光客数調査報告書』により作成)

2 観光者側の視点から観光空間をとらえる

　近年，登山やキャンプに代表される自然地でのアウトドア活動が注目されている。2018年の登山・キャンプ用品の市場規模は2240億円に上ると推計され，この20年間右肩上がりである（日本生産性本部編 2019）。ある調査によれば，直近1年以内にキャンプを実施した人は全体の約10%で，特に20代の実施率が高く，BBQを始め，星空を見る，森林浴，水遊び，釣り等の活動をキャンプ中に行うことが人気だという（楽天インサイト 2019）。最近ではソロキャンプという言葉も登場しており（渡邊 2020），都市住民の自然環境へ欲望がアウトドア人気を呼んでいるのかもしれない。

　首都圏近郊にもキャンプやBBQを行える場所がある。今回はそのうち東京都の秋川流域を取り上げ，そこでの観光の「地」の「理」を考察してみる。秋川流域は東京都の西多摩に位置するあきる野市，日の出町，檜原村の3市町村を総称する名称であり，観光地としては秋川渓谷という名で通っている。関東山地の東端に位置し，北の奥多摩と青梅，南の高尾山と八王子に挟まれ，地域の中央を西から東に秋川が流れている。檜原村を源流とする秋川はV字谷，盆地，台地，河岸段丘を大地に形作り，多摩川へと流れ出る。

　秋川流域の観光者数は微増を続けてきた（図3）。3市町村の中で最も観光者数の多いのがあきる野市であり，およそ年間200万人（流域全体では200〜

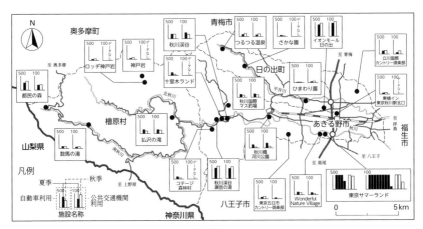

図4 秋川流域におけるナビアプリの検索数上位施設
(RESAS内のナビタイムジャパンデータにより作成)

400万人）で推移している。なお，人口は2020年時点で，あきる野市が8万人，日の出町1.7万人，檜原村2千人（流域全体で約10万人）となっており，人口1人当たりの観光者数でみると，あきる野市が31.2人日，日の出町51.4人日，檜原村188.7人日と，檜原村の1人当たりの観光者数が突出して高くなっている。なお，昔から観光者数全体の約90％以上が日帰り客である。これは秋川流域が主に東京都心部に居住する人々の日帰りレクリエーションの地として機能してきた証左である。

　図4はナビタイムジャパン社のナビアプリにおける各スポットの検索数を地図上に示したものである。この図から秋川流域の利用状況を推測してみよう。まず，地図上の全ての検索スポットにおいて，自動車利用による検索数（平均545.1件）が，公共交通機関利用による検索数（平均183.9件）を上回っている。つまり，秋川流域は自動車利用の多い観光地であるとみなすことができる。また，東京サマーランドが圧倒的な検索数を誇っており，秋川流域を訪れる多くの観光者はこの東京サマーランドの入園者だということもわかる。その他にイオンモール日の出，秋川渓谷瀬音の湯，都民の森などが重要な集客施設となっている。

　図4では，夏季と秋季で秋川流域の利用のされ方が異なることもわかる。夏季には東京サマーランドや秋川国際マス釣場，秋川橋河川公園，払沢の滝といった水辺やBBQに関わる施設が多く検索されている一方，秋季にはつるつる温

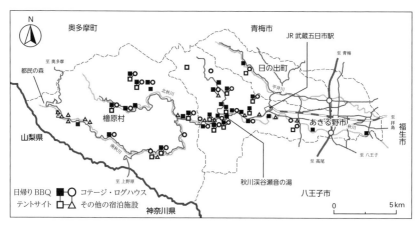

図5 秋川流域におけるキャンプ場・BBQ場の分布
（各観光協会のウェブサイト等により作成）

泉や瀬音の湯といった温浴施設，立川国際カントリー倶楽部やイオンモール日の出といったレジャー施設が多く検索されている。秋川流域のように自然資源を中心的な観光資源とした観光地では，この利用の季節性が顕著であることが多く，観光者数を年間通して平準化することが求められている。

3 観光地側の視点から観光空間を捉える

　本地域には秋川周辺にキャンプ場が多く分布している。図5は秋川流域におけるキャンプ場やその他の宿泊施設の分布を示したものである。これをみると，武蔵五日市駅から檜原村へ向かう秋川の中流域，特に瀬音の湯近辺にキャンプ場が集中していることがわかる。このエリアが秋川流域観光の中心エリアであるといえよう。より詳細に施設の立地をみてみよう。最も多い施設は日帰りBBQ場（計31件）であり，東部の秋川下流から西部の北秋川や南秋川の周辺にまで広く分布している。日帰りBBQ場が多い理由は，前節で指摘したようにこの地域が東京都心部からの日帰り顧客を中心に利用されているためと考えられる。

　秋川流域の宿泊施設としてはコテージ・ログハウスが多く，これらは秋川の中流域から上流域に分布する。特に檜原村においては，コテージやログハウスを併設したキャンプ場が多い。同様に，テントサイトを併設するキャンプ場も，

表 1　秋川流域におけるキャンプ場 A（経営者 A）の経営特性

開業年 1995	事業継承年 2020	現年齢 30	事業継承時年齢 30	開業準備期間 4 年	継承前職業 飲食業
土地所有形態 借地	施設借用形態 借家	正規雇用職員数 2	施設面積 約 2,000m²		
オートキャンプサイト 0	テントサイト 7	日帰 BBQ サイト 25	コテージ 8	最大収容人数 300	

事業重視項目
1 位：製品・サービス, 2 位：プロセス・オペレーション, 2 位：マーケティング
4 位：組織内マネジメント, 4 位：組織外連携

（聞き取り調査により作成）

数こそは多くないもののコテージ・ログハウスとほぼ同様に分布している。その他の宿泊施設は旅館や民宿が主であるが, 秋川（南秋川）の上流部にまとまって分布している以外は目立ったものはない。この宿泊施設の分布は秋川流域が都市住民の日帰り利用と宿泊利用のちょうど境界に位置するために生じているといえる。なお, 日の出町には宿泊施設は存在せず, 平井川上流域に日帰りBBQ 場とコテージ・ログハウス, テントサイトがそれぞれ 1 箇所のみ存在するだけである。秋川を離れると途端にキャンプ場が少なくなることがよくわかる。

　さて, このような状況のなか, キャンプ場経営者はどのような経営意識を持っているのであろうか。秋川流域におけるとあるキャンプ場の経営者への聞き取り調査の結果を示してみよう。1995 年に開業したキャンプ場 A では, その主たる経営が 2020 年に息子（経営者 A）に引き継がれた。現在, 経営者 A は正規職員 2 名(オン・ピーク時には非正規・パートを追加)を雇用しながら, キャンプ場 A を経営している（表 1）。事業継承までには 4 年の準備期間を経ているが, その間, 秋川流域内で飲食店を開業し, 山の維持管理事業を継承するなど, 地域内の資源を活用したさまざまな活動に精力的に取り組んできた。そのようななか, 新たにキャンプ場の経営も担ったが, 経営者 A はキャンプ場の既存の状況を打破するため, イノベーション（事業の刷新や変革）に対する強い思いを持っている。特に, 秋川流域の自然資源と交通アクセス, およびそのバランスについて高い価値を見出しており, 現況のキャンプ場が「BBQ を行う場」としてのみ利用されていることを危惧していた。そして, BBQ だけに留まらない秋川流域の魅力を活かした次なる事業への展開を考え, 特に「製品・サービス」, つまりキャンプ場としての場作りやサービスに対する変革を高く意識するようになっている。

キャンプ場Aの経営意識は，経営者がキャンプ場の事業を継承してまもない時期であることも大きいと考えられるが，精力的にイノベーションを起こす機運を持つこのような経営者の存在は他のキャンプ場でも散見される。これが秋川流域の持つ「自然資源と交通アクセスのバランス」という地理的な条件によるものであるのかなど，その存在要因については今後より検討を重ねる必要がある。

4 観光の「地」の「理」の「学」び方とは？

　観光の地，すなわち観光地というと，秋川流域以外にも，箱根や鎌倉，京都など，ある特定のどこかの場所が思い浮かぶ。「地」とは「地面や大地」を，「理」とは「ことわり」を示す言葉である。つまり，地面や大地で生じている観光現象の理由を学ぶことこそが観光の地理学，すなわち観光地理学なのであろう。本章で示してきたように，観光は人間の非日常的な移動があって初めて成立するものである。したがって，人々の非日常的な移動によって創造される空間の謎を解き明かすことが求められるのである。

　本章の冒頭で，観光現象における観光者と観光地の存在を指摘した。秋川流域では，観光者の多くは東京都心部の住民であった。彼等は秋川流域に対し，夏季には水辺を，秋季には温泉やレジャーを求めて移動してきていた。秋川流域には日帰りBBQ場が広く分布し，中上流域にはコテージ・ログハウスやその他の宿泊施設がみられた。これらの分布は，観光者が都心部から日帰りできる行動圏（集客圏）と関係していると考えられる。そのようななか，キャンプ場の経営者は，秋川流域の自然資源と都心からの交通アクセスのバランスを地域の魅力と認識し，その資源を活用した事業およびその変革を行う意欲を持っていた。

　上記の様相はそれぞれの個別の事象として調査，理解することもできる。しかし，観光地理学という学問では，観光施設，観光地，集客圏といったそれぞれの事象を，その空間スケールを変化させながらも，互いに関連しあっているものとして捉えている（図6）。そのことは観光空間の理解をより難解なものにもするが，それもまた真実なのである。例えば，とある観光地がとある集客圏内の観光者をターゲットと定めても，彼等ターゲット層は当該観光地以外の他

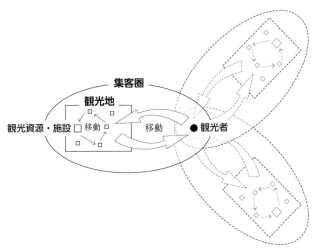

図6　観光空間の捉え方

の観光地へも赴いているであろう（図6）。つまり，観光地にとっては，自らの観光地と観光者の関係だけをみて集客をしていても期待する効果は得られないのである。同時に，より広い空間スケールで観光を捉える必要があるのだ。この複数の空間スケールを行き交う観光空間を真に理解するために，観光地理学者は日々研究や議論を続けている。

　なお，観光は人々（観光者）の非日常的な行動に起因するものであるから，観光を考えることは，転じて日常社会を考えることにもなる。例えば，日帰りBBQを目的に秋川流域に都市住民が集まるという現象は，東京都心部に自然が少なくなってきたこと，または自然や癒しを求める都市社会を反映したものであろう。是非，観光地理学というメガネを通して，過去や今日の地域や空間，社会を捉えてみて欲しい。それは時に未来への有用な道標となるのだから。

参考文献
1）日本生産性本部編（2019）：「レジャー白書2019」日本生産性本部．
2）楽天インサイト株式会社（2019）：Press Release「グランピング」の認知度は4割半ば。そのうち「行ってみたい」が約7割に－キャンプに関する調査．楽天インサイト株式会社．
3）渡邊瑛季（2020）：キャンプにおけるソロ化の進展とキャンプ場集中地域の対応．地理65(5)：12-19．

観光からの地域の見方・考え方をさらに深める一冊
菊地俊夫編著（2018）：「ツーリズムの地理学－観光から考える地域の魅力」二宮書店．

10章 島嶼の地域としての見方・考え方

高橋　環太郎

1 島嶼地域の概要

1.1 島嶼地域とは

　島嶼地域と呼ばれる地域は国内外に存在する。具体的な地域名をあげると，フィジー，サモア，トンガといった島嶼国家，国内では石垣島，奄美大島などの有人島や，沖ノ鳥島のような無人島など多数存在する。では一般的に「島」とはどのような特徴を有しているかを考えてみる。

　国際的に島の定義として頻繁に用いられるのが，「国連海洋法条約」第121条である[1]。この条約によれば，島とは「水に囲まれていて高潮時にも水面上にある自然に形成された陸地」（国連海洋法条約第121条第1項）と定義されている。ここで1つのキーワードとなるのが海に囲まれているという立地条件である。グリーンランドや日本の島々は国際的に該当するが，周囲を海で囲まれている等いう条件と合致する。このことから島嶼を形づける特徴の1つとして「環海性」があげられる。

　一方，国連海洋法条約では規模に関する明確な定義は言及されていない。一般的に島と判断する場合，なんとなく「小さい」というイメージがある。国際的にはこの「小ささ」を大陸と比較することで判断されることが多い。例えば，グリーンランドは218万km²（2位のニューギニアが81万km²）と大きい面積を有しているが，オーストラリア大陸よりは小さい。そのため，島として位置付けられる。こうした大陸と島の相対的な見方は「大きな島，小さな島」の関係に置き換えられ，日本でも応用されている。日本では北海道，本州，四国，九州，沖縄本島を「本土」とし，ほかを「島」とすることが多いとされている。一般的に島は小さい地域として認知されているが，相対的にみることで規模が判断される。こうした「狭小性」は島嶼地域の特徴の1つだといえる。

　大陸や本土と比較することで島としての特徴が見出されるが，もう1つ島の有する特徴として，大きいものと小さいものの地理的な結びつきがある。これ

は「環海性」とも通ずるが，大陸や本土といった大きな地域からの距離が離れているのが島の特徴である。多くの島は離れた場所に立地しており，こうした「隔絶性」が島の社会や経済に影響している。

1.2 島嶼地域と観光

島嶼地域の共通している地域的な特徴として「環海性」，「狭小性」，「隔絶性」があげられた。こうした地域的特徴を有する島嶼地域では観光業が主要産業となりやすい傾向がみられる。島嶼地域は大規模な産業が育ちづらいため，経済面においては不利な立地条件と指摘している[2]。また，島嶼経済の最大の特徴は観光産業とされている[3]。実際，パラオ共和国やグアム，ハワイなどリゾートと呼ばれる島嶼は世界中にあり，観光産業は地域経済の主要産業となっている。

国内の島嶼地域も同様に，大規模な工場が必要な製造業は立地しづらい環境のため，企業誘致による地域振興を行うことが難しい。地域経済において雇用確保は課題の1つであるが，人口減少や高齢化の問題に直面している島嶼地域では，観光産業に力を入れている背景の1つとしてはこうした地域的な事情がある。経済面においては不利な点が多い島嶼地域であるが，海外，国内問わず，多くの島には観光地としての魅力が存在する。観光において非日常を体験できる空間を提供できる地域は有利となる。

本章では島嶼地域の特徴を踏まえ，島嶼地域における観光について取り上げる。2節では海外の島嶼地域における社会的課題と国際的な観光需要との関係について分析する。続いて，3節では国内の島嶼地域における観光について考察する。まとめの節では今後の島嶼地域の観光で重要となる視点を議論する。

2 フィジーの観光と友人・親戚への訪問（VFR）目的の観光需要の可能性

2.1 太平洋の島嶼社会の構造

太平洋やカリブ海を中心に点在する島嶼国や非独立地域の収入源の1つとして，島外に住む人々からの海外送金がある。島内の産業が少ないため，就職先として先進国を選ぶ人々が多いことから移民による海外送金が島にとって，重要な経済動向となっている。

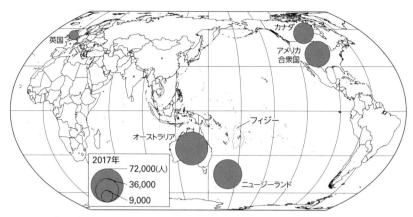

図1 フィジー出身の移民数(World Bank のデータより作成)

　図1はフィジー出身の移民数を示した地図となっている。フィジーは1970年まで英国の領土であった。民族構成はフィジー人やインド系などで言語はフィジー語と英語である。英国の領土であったことや立地面の影響から多くの移民はオーストラリアやニュージーランドに分布している。こうした移民による海外送金はフィジーの外貨収入の主要な財源となっている。

　フィジーのような太平洋諸島からの移民の特徴として，出身地との結びつきが比較的強いということがあげられる。自分たちの家族や親せきへの海外送金もこうしたつながりのひとつとなっている。

2.2　友人・親戚への訪問（VFR）目的の観光

　フィジーの主要産業は砂糖やコプラなどの農作物の加工が有名であるが，観光産業に関しても島の経済を支える産業となっている。観光の見どころとしては海をはじめとしてした自然が楽しめることである。また，英国統治下の時代から移住するインド系の人々の影響による文化が残っているのも特徴の1つである。

表1 フィジーへの訪問目的別の観光客数と割合(Fiji Bureau of Statistics より作成)

	ビジネス	会　議	休　暇	VFR	教育	その他
観光客数(人)	33222	14 708	630 700	74 492	8 541	81 221
割合(%)	3.9	1.7	74.8	8.8	1.0	9.6

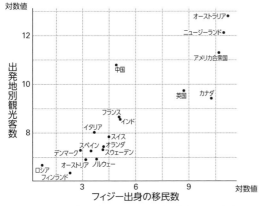

図2 フィジー出身の移民数と出発地別観光客数の関係(Fiji Bureau of Statistics より作成)

　表1はフィジーに訪れる観光客の訪問目的を示したものである。最も多い訪問理由は「休暇を楽しむ」である。観光において重要な動機の1つとされているのが「余暇」であるが，フィジーに訪れるほとんどの人々が，純粋な観光目的で訪れていることがわかる。一方，VFR目的の観光客は余暇目的の観光客に続き多く，ビジネス目的の観光客よりも高い割合となっている。VFRとは Visiting Friends and Relatives(友人・親戚への訪問)を示す用語である。オーストラリアやイタリアなど移民の歴史に関わりの深い国々を中心に，観光分野において議論されている訪問目的である。市場の大きさの比率としては高くないが，観光が主要経済の一翼を担っており，海外に住む移民とのつながりが大きい太平洋諸島では重要な視点となりうる。

　図2はフィジー出身の移民数と，出発地別の観光客数の関係を示したものである。この図からは，移民数の多い国からの観光客が多いことを読み取ることができる。

　訪問目的別に観光客の傾向を読み取ることで，観光客の多様性を推察することができる。余暇目的だけの観光客を受け入れるだけでは，変動幅が大きく，安定した需要を満たす産業構造とはなりづらい。図3はフィジーへの訪問目的別の時系列グラフで，1月を基準にして変動を示したものである。それぞれの目的によって変動傾向が異なることが示されている。余暇目的の観光客は夏にピークがある一方，VFRは1月あたりの上昇がみられる。こうした季節性は需要予測やマーケティングを考える上で重要な特性となる。比率を考えると

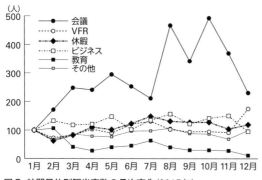

図3 訪問目的別観光客数の月次変化(2017年)
(Fiji Bureau of Statistics より作成)

フィジーへの観光客は余暇目的の観光客が多くを占めている。安定的な需要を満たすためには，こうしたさまざまな訪問目的の観光需要に注目することが重要である。

3 島嶼地域の開発

3.1 国内の島嶼地域の政策

　日本には，国内の島嶼地域を対象とした法律があり，それぞれ「沖縄振興特別措置法」，「奄美群島振興開発特別措置法」，「小笠原諸島振興開発特別措置法」「離島振興法」と呼ばれている。こうした振興法は，島嶼地域の自立的な発展を目指すため施行されている。

　島嶼地域を対象とした法律が施行されるようになった背景には，戦後の急速な本土の発展があげられる。本土の都市部が発展したのに対して，周辺地域の後進性は顕在化した。島嶼地域も後進性が顕在化した地域の1つであった。「離島振興法」は，本土との生活水準の差を是正するために，東京都，新潟県，島根県，長崎県，鹿児島県を対象に1953年に策定された。その後，改正が繰り返され，対象地域が広げられた。

　離島振興法が適用された地域では港湾整備や島内道路の建設が行われた。やがて，交通網の整備は交流人口増加につながり，1960年代には手軽な海外として若者を中心に「離島ブーム」が起きた。このころから国内の島嶼地域は観光地として注目されるようになった。

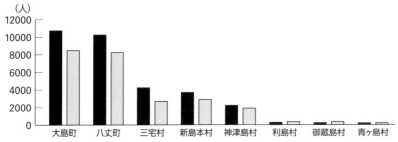

図4　伊豆諸島の人口(左：1980年，右：2010年)
　(国勢調査により作成)

3.2　伊豆諸島の地域概要と観光の歴史

　離島ブームは1960〜70年代に東京の伊豆諸島からはじまったとされる。伊豆諸島には9つの有人島がある。本州から近い順に大島・利島・新島・式根島・神津島・三宅島・御蔵島・八丈島・青ヶ島と並んでいる。地理的な位置としては外海にあり，各島それぞれ独立している。

　図4は1980年と2010年の国勢調査をもとにしたグラフである。グラフは1980年の順位に並べている。人口は最大の島が大島で，続いて八丈島・三宅島の順である。中規模の島として新島・式根島と神津島があり，小規模な島は利島，御蔵島，青ヶ島である。

3.3　伊豆諸島における観光の発展過程

　大島に関しては昭和初期から観光が始まったとされている。1928年の世界恐慌によって貨物船だけでは経営が厳しくなった東京湾汽船（現東海汽船）が東京―大島―下田を結ぶ航路を開設した頃から大島の観光開発が始まったとされている。太平洋戦争までは大島が伊豆諸島における観光の中心であった。太平洋戦争によって，伊豆諸島の観光は一時的に停滞したが，戦争が終わって4年後の1949年には東京から大島の運航が再開した。

　図5は伊豆諸島における観光客数の推移を示したグラフである。このグラフから1965年から1970年代の初期にかけて各島の観光客が増加していることがわかる。伊豆大島の次に観光開発が進んだのは八丈島とされている。八丈島は1959年に観光協会や大型ホテルが設立され，1960年には空港の開港や道路整備，島内での観光バスの運行が開始された。続いて，三宅島の観光開発が行

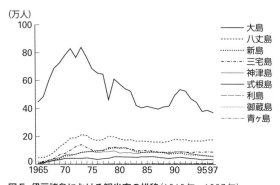

（万人）

凡例:
- 大島
- 八丈島
- 新島
- 三宅島
- 神津島
- 式根島
- 利島
- 御蔵島
- 青ヶ島

図5　伊豆諸島における観光客の推移（1965年〜1997年）
（「東京都観光時報」および「東京都レクリエーション時報」により作成）

われた。三宅島では2つの接岸港が1965年までに開港している。また，新島や神津島でも1960年の後半から港の整備や民宿組合の設立が始まった。以上のように，1960年代中頃から大島以外の島において，観光開発が進んだ。離島振興法の影響については前項でも述べたが，大島以外の伊豆諸島においてもこの時期に港湾などの整備が進んだ影響で観光客の増加がほかの島においてもみられたと考えられる。

　しかし，伊豆諸島では1970年代後半から80年代をピークに減少していることが図5のグラフからも読み取れる。要因としては，海外旅行の人気が高まったことや奄美地方や沖縄などほかの島嶼地域へ離島ブームが広がったことがあげられる。

　離島振興法によって，多くの島嶼地域が観光客を受け入れる体制ができた。伊豆諸島内においても，大島に観光客が集中していたのが，その後，大島以外の島にも観光客が訪れるようになり，観光客の偏りが島間で少なくなった。同時に，観光地としての平準化が起きてしまい，地域差は減ったという見方ができる状況となった。

4　まとめ

　国際的および国内と2つの視点で，それぞれ事例を挙げながら，島嶼地域の観光を概観した。2つの分析を通して明らかになったことは次のようなことである。太平洋諸島は移民による送金が島の経済を支えていることを踏まえ，観

光需要との関係性を明らかにした。VFRは移民との関係が深い観光目的であるが，太平洋島嶼地域の１つであるフィジーでは余暇目的の観光客とは異なった季節に訪れていた。

　国内島嶼地域の分析では離島振興法の影響による観光地の発展過程を明らかにした。伊豆諸島を事例に離島ブームが起きた要因として各島のインフラストラクチャーや観光施設の整備が進んだことを指摘した。こうした取り組みは観光客が訪れやすくなった一方で，各島の観光サービスの平準化が起きた。

　島嶼地域の観光において，共通している課題としてあげられるのは持続可能な観光をどのように進めるかである。昨今の観光においてはどの地域においても重要な課題ではあるが，島嶼地域においては多様な観光需要に注目することが重要となってくる。太平洋諸島では観光開発が盛んに行われているが，移民社会という特性を踏まえるとVFRによる移動に着目する意義は高いように思われる。

　一方，国内においては観光と地域社会の関係を踏まえながら，観光客をもてなす取り組みが必要となる。離島ブームによって，島の観光は活気づいたが，観光客を入島させすぎてしまったことで，各島で環境悪化などが起きてしまった。現在では,来島者数はある程度落ち着いた島が増えたが,少子高齢化によって地域社会の存続が難しい島もみられるようになった。今後は観光客の適正量を見極めながら，観光政策に取り組むことが必要となる。観光の期待される効果としては経済的な効果以外にも文化や自然資源を維持することなどがある。各島嶼はどのような効果が必要かを議論することが重要である。

参考文献
1) 嘉数啓(2017)：「島嶼学への誘い―沖縄からみる「島」の社会経済学」岩波書店.
2) Briguglio, L. (1995)：Small island developing states and their economic vulnerabilities. World development, 23(9), 1615-1632.
3) McElroy, J. L. (2006)：Small island tourist economies across the life cycle. Asia Pacific Viewpoint, 47(1), 61-77.

島嶼地域に関する理解をさらに深める一冊
嘉数啓(2017)：島嶼学への誘い―沖縄からみる「島」の社会経済学」岩波書店.

11章 カナダの地域としての見方・考え方

大石　太郎

1 カナダという地域の学びの背景と方法

　カナダは，ロシアに次いで世界第2位の面積を有する巨大な国である（図1）。カナダといえば，大陸国家というイメージが強いかもしれない。しかし実際には，東は大西洋，西は太平洋，北は北極海というように，三方を海に囲まれた海洋国家でもあり，世界第5位の面積をもつバフィン島を筆頭に，5万を超える島を有する。そして，10の州と3つの準州の州都のうち，実に4つが島に立地している。

　また，国土のすべてが北緯40度以北に位置し，気候は全体として寒冷である。たとえば，東部に位置する第2の都市モントリオールは北緯45度付近にあり，年平均気温は6.8℃，1年で最も寒い1月の月平均気温はほぼ−10℃である。

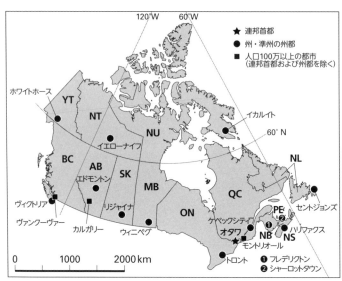

図1 カナダの州と準州の位置
州・準州の略称は表1を参照。

最も寒い時期には－20℃を下回る日が何日も続き，屋外で30分も過ごせば体の芯まで冷え切って暖かい飲み物がほしくなる。一方，最も暖かい7月と8月は月平均気温が20℃を超え，日中は30℃を超える日もある。

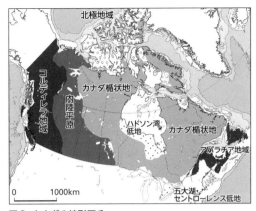

図2　カナダの地形区分
出所：Bone, R.M., Regional Geography of Canada, 4th ed. (Oxford University Press, 2008)

　こうした寒冷な気候は農業を中心に人間の生活を制約し，居住分布に影響を与えるが，カナダを理解するための重要な自然的条件として，カナダ楯状地（たてじょうち）の存在を忘れるわけにはいかない（図2）。生成年代が35億年以上前にさかのぼるカナダ楯状地は北アメリカ大陸の安定した基盤であり，国土の半分以上を占める。森林資源や鉱産資源に富む反面，過去の氷河による侵食で土壌が非常にやせており，農業生産が可能な場所が限られる。したがって，林業や鉱業の拠点となる小都市は点在するものの，人口集中地域が形成されることはなかった。なお，カナダ楯状地には氷河の名残である湖が無数に存在し，森と湖の国というカナダのイメージはカナダ楯状地の風景そのものといえる。

　一方，現在に至るまでカナダの中核地域の役割を果たしてきたのが，国土面積の2％に満たない五大湖・セントローレンス低地である（図2）。肥沃な土壌に加え，夏は温暖湿潤で十分な農業生産が可能であるうえに，五大湖からセントローレンス湾に注ぐセントローレンス川が重要な交通路として機能したからである。最大の都市トロントや第2の都市モントリオール，首都オタワはいずれも五大湖・セントローレンス低地に位置している。

　カナダは，こうした自然的条件の下で発展してきた。ヨーロッパ人の到来以前は先住民が狩猟・採集を中心とする生活を営んでいたが，カナダの開発が本格化するのは，17世紀になってヨーロッパ人の入植が始まって以降である。大西洋を越えてやってきたヨーロッパ人の当初の関心はニューファンドランド沖で豊富にとれる魚にあったが，その後，セントローレンス川をさかのぼるよ

うになり，先住民から学んだカヌーを駆使して内陸部に進出した。そして，内陸部でヨーロッパ人をひきつけたのは動物の毛皮であり，特に，カナダ楯状地の森林に多く生息していたビーヴァーの毛皮は，帽子の材料として重宝され，ヨーロッパで人気を博した。カナダにおける入植はフランスが先行していたが，現在のアメリカ合衆国北東部で植民地開発を進めていたイギリスと対立し，数回にわたって戦火を交えた結果，1763年に北アメリカにおけるイギリスの覇権が確立した。ただ，イギリスの支配下に入ってもフランス人入植者はそのまま残り，かつてフランス植民地だった地域は，1867年のカナダ連邦成立に際してケベック州となって，フランス語を中心とする社会が現代まで継承されてきた。現代のカナダは多様性が重視される国であり，二言語主義は国是の1つとなっている。以下では，カナダにおける二言語主義の現状を全国スケールと州スケールで考えてみたい。

2 全国スケールでみたカナダの二言語主義

先に述べたように，カナダの入植と開発はフランスとイギリスによって進められ，すべての領域がイギリスの支配下に入っても英語とフランス語が共存してきた。1969年には公用語法が制定され，英語とフランス語がカナダの公用

表1 カナダ各州・準州の人口と住民の母語および公用語能力(2016年)

州・準州	人口(千人)	母語 (%)			公用語能力 (%)			
		英語	仏語	非公用語	英語のみ	仏語のみ	英仏両語	どちらも話さず
ニューファンドランド・ラブラドール (NL)	520	97.2	0.5	2.3	94.8	0.0	5.0	0.2
プリンスエドワードアイランド (PE)	143	91.4	3.5	5.1	86.4	0.1	12.7	0.9
ノヴァスコシア (NS)	924	91.8	3.3	4.9	89.2	0.1	10.5	0.3
ニューブランズウィック (NB)	747	65.0	31.8	3.2	57.2	8.6	33.9	0.3
ケベック (QC)	8,164	7.6	78.9	13.5	4.6	50.0	44.5	0.9
オンタリオ (ON)	13,448	68.8	3.8	27.4	86.0	0.3	11.2	2.5
マニトバ (MB)	1,278	73.2	3.3	23.5	90.0	0.1	8.6	1.3
サスカチュワン (SK)	1,098	83.8	1.4	14.7	94.5	0.0	4.7	0.7
アルバータ (AB)	4,067	76.0	1.8	22.1	91.9	0.1	6.6	1.5
ブリティッシュコロンビア (BC)	4,648	70.5	1.3	28.2	89.8	0.0	6.8	3.3
ユーコン準州 (YT)	36	83.4	4.5	12.1	85.6	0.2	13.8	0.4
ノースウエスト準州 (NT)	42	78.3	2.9	18.8	89.1	0.1	10.3	0.5
ヌナヴト準州 (NU)	36	31.5	1.7	66.8	89.8	0.2	4.3	5.7
カナダ	35,152	57.3	21.1	21.6	68.3	11.9	17.9	1.9

資料：Census of Canada 2016

注：母語は複数回答が認められているが，単一回答にしめる割合のみを示した。なお，カナダ全土の単一回答率は97.6％である。ユーコン準州とヌナヴト準州の正式名称には準州(Territory)を付さなくなっているが，わかりやすさを考慮して便宜的に準州という表記のままとした。

語となり，日本の高等学校の地理教科書にも書かれているように，現代カナダを特徴づける要素の1つとなっている。しかし，1つの国家に複数の言語が存在するのは容易なことではなく，特にカナダの場合，州の権限の強い連邦国家であることと，後述するように州境を超えてそれぞれの言語を話す人々が存在することが話を複雑にしている。そこで，まずは全国スケールにおけるカナダの二言語主義の現状を検討しよう[1]。

表1は，国勢調査にもとづいてカナダの州と準州における住民の母語と公用語能力を示したものである。母語は，生まれて最初に覚え，かつ現在も話すことのできる言語と定義される。表1によると，ケベック州においてフランス語を母語とする住民が約8割を占めており，多数派となっているが，その他の州・準州ではフランス語を母語とする住民が少数派である。そして，約3割を占めるニューブランズウィック州をのぞくとフランス語を母語とする住民の割合は5％に満たない。また，ケベック州以外の州・準州では，イヌイットの言語を話す人が多いヌナヴト準州を別にすると英語を母語とする住民が多数派となっているが，その程度は州・準州によって異なる。特に，オンタリオ州以西の州では，非公用語，すなわち英語でもフランス語でもない言語を母語とする住民の割合が高く，出身地の言語を維持している比較的新しい移民が多いことを示唆している。

次に，住民の公用語能力を検討しよう。表1によると，英語とフランス語の両方を話すことのできる住民の割合が最も高いのはケベック州であり，ニューブランズウィック州がそれに次いでいる。すなわち，フランス語を母語とする住民の割合が高い2つの州において二言語話者の割合が高く，その他の州・準州では比較的高いところでも1割強にとどまっている。このようになるのは，カナダでは伝統的に，少数派である

図3　オンタリオ州における国指定史跡を示す標識
（2011年6月筆者撮影）
Parks Canadaは連邦政府機関であり，立地にかかわらず二言語によるサービスを提供している。

図4　ケベック州における空港の案内板(2017年2月筆者撮影)
　　カナダの空港の案内板は二言語で表記されるが，フランス語話者が多数を占めるケベック
　　州内の空港ではフランス語，英語の順となっている。

フランス語を母語とする人が英語を習得して二言語話者になることが一般的だからである。また，公用語能力がフランス語のみという住民の割合がケベック州で比較的高くなっているのは，ケベック州ではフランス語話者が多数派であり，かつ州の公用語がフランス語のみであることから，カナダでは例外的に英語を話さなくても十分に生活可能だからである。

　表1からは，カナダのもう1つの特徴も見いだせる。それは，それぞれの州・準州に少数派の公用語を母語とする住民が存在することである。すなわち，フランス語話者が多数派であるケベック州では英語を母語とする住民が約8%を占める一方，英語話者が多数派である州のうち，たとえばオンタリオ州ではフランス語を母語とする住民が約4%を占めている。このように，言語の境界と政治的境界が一致しないため，カナダでは居住地域によって公用語を定める属地主義を採用しにくく，カナダの公用語法では，カナダ全土において提供される連邦政府機関のサービスは英語とフランス語のいずれか希望する言語で受けることができると定められている。逆に言えば，連邦政府機関や民間企業でも航空会社など公的性格を帯びた企業は，カナダ全土において英語とフランス語の両方でサービスを提供することが義務づけられている(図3)。二言語表記は一般に英語，フランス語の順であるが，フランス語話者が多数を占めるケベック州内ではフランス語，英語の順になっている(図4)。

　カナダの言語事情を理解しにくいものにしているのが，いくつかの州が独自に公用語を定めていることである。州によって独自の言語政策がとられていることは，同じ場所であっても，管轄する政府機関によってサービスに用いられる言語が異なることを意味する。たとえばケベック州のモントリオールでは，空港のように連邦の管轄下にあるものは案内板等が二言語で表記され，道路標識のように州の管轄下にあるものはフランス語のみの表記となる。

3 州スケールでみたカナダの二言語主義
－公用語マイノリティに注目して－

　州の権限の強いカナダでは，人々の生活に密接にかかわるのは連邦よりも州である。前述のように，カナダでは各州に少数派の公用語を母語とする住民が居住しており，最近では公用語マイノリティとよばれている。ここでは，州スケールの公用語マイノリティのうち，ニューブランズウィック州のフランス語話者[2]とケベック州の英語話者[3]に注目して，州スケールで二言語主義の現状を検討する。

　ニューブランズウィック州は1969年以来，英語とフランス語を公用語としているが，フランス語を話す人々が少数派である（表1）。彼らは歴史的経緯からアカディアンとよばれ，ケベック州のフランス語話者とは異なるアイデンティティをもつことで知られている。1960年代まではアカディアンの居住地域は非常に貧しく，フランス語話者の社会経済的地位は低かった。しかし，1963年に州内各地にあった伝統的なカレッジを統合してフランス語を教授言語とするモンクトン大学が開学するなど（図5），さまざまな分野で近代化が進められ，さらにフランス語が連邦および州の公用語となったことで，彼らをとりまく環境は大きく改善した。

　とはいえ，ニューブランズウィック州においてフランス語話者が少数派であることには変わりなく，フランス語話者が社会経済的地位を高めるためには英語を習得して二言語話者になる必要があり，またサービス業に従事する場合でも英語話者の顧客に対応するために英語の能力は必須である。一方，英語話者の場合，フランス語を習得して二言語話者になる例はもちろんみられるが，2018年に就任した英語話者の州首相はフランス語をほぼ話さないなど，英語話者にとってフランス語の習得は政府高官のような地位でも不可欠とまではいえないのが現実である。

図5　モンクトン大学(2006年1月筆者撮影)

一方，ケベック州は1974年にフランス語のみを公用語とし，さらに1977年にはフランス語憲章を制定してフランス語の地位を強化した。1970年代後半にカナダからの分離・独立を目指す動きが強まると，大企業の州外への移転や英語を母語とする人々の他州への流出が進んだ。そして，2010年代になると，も

図6 モントリオール市内の英語を教授言語とする小学校(2011年2月筆者撮影)
ケベック州では，英語を使用言語とする組織でもフランス語の表記は必須である。

はやケベック州の英語話者はかつてのような特権階級ではないという指摘もみられ，公用語マイノリティとして他州のフランス語話者と連帯する動きもある。

ただ，他州のフランス語話者と決定的に異なるのは，既得権は守られていることである。確かに，例えばカナダでは州が運転免許証を発行するが，ケベック州で発行される免許証はフランス語のみで記載されている。道路標識も一部の自治体をのぞいてフランス語のみであり，現代のケベック州ではフランス語をまったく理解せずに生きていくのは現実的ではない。公立の学校では英語のみを教授言語とする学校は存在せず，フランス語を用いる割合に違いはあるものの，英語を教授言語とする学校はすべて，言語漬けを意味するイマージョンプログラムの学校になっている(図6)。しかし，州の公用語はフランス語のみとはいえ，州政府機関でも英語によるサービスを受けることは問題なく可能である。独立派政党の党首でさえ，演説の一部は英語で行い，英語話者への配慮を示す。また，たとえばフランス語憲章は，移民の子弟をフランス語を教授言語とする学校に通わせることを義務づけた点が大きな成果の1つであり，これにより，それまで英語に同化しがちであった移民のフランス語への同化が進んだが，祖父条項として，一定の条件にあてはまる場合には英語を教授言語とする学校に通学する権利を与えている。高等教育機関はフランス語憲章の対象外であり，構内の二言語表記などフランス語話者の権利を守る仕組みは取り入れられているものの，1821年創立の名門マギル大学をはじめ，英語を教授言語とする高等教育機関は温存されており，英語による教育を希望するフランス語

話者が進学するのも珍しくない。

　興味深いことに，英語を教授言語とする学校の運営にはフランス語話者が多くかかわっており，ケベック州では英語を使用言語とする組織がフランス語話者の積極的関与によって持続可能になっている可能性がある。この点は，英語圏の州におけるフランス語を使用言語とする組織にはみられない特色である。そして，サービス業における英語の存在感は，英語圏におけるフランス語とは比べものにならず，モントリオールではいずれの言語にも対応できるように，非公用語を母語とする移民の多くが自らの母語に加えフランス語と英語も話すトライリンガル（三言語話者）になっている。

4 二言語主義からみたカナダ

　本章では，カナダの二言語主義を全国スケールと州スケールで検討してきた。カナダは，1867年にアメリカ合衆国の北に残っていたイギリス諸植民地が連邦を結成して誕生した，比較的若い国家（当初は外交と軍事の権限がない自治領）である。移民が多く，多文化主義のように先駆的な取り組みが注目される一方で，その歴史にはイギリス植民地以来の古証文の積み重ねという側面があり，二言語主義や各州における公用語マイノリティに着目することによって，カナダを構成するさまざまな要素を浮き彫りにすることが可能になる。

　地理学の特色の１つは，マルチスケールでの分析を得意とするところにある。本章は全国スケールと州スケールでの分析にとどまっているが，都市，さらにはコミュニティといったスケールでの分析により，カナダの「地」の「理」をより深く理解することが可能になるだろう。

参考文献
1) 大石太郎（2017）：カナダにおける二言語主義の現状と課題．E-Journal GEO 12(1): 12-29. ただし，本章の表１のデータは最新のものに修正している。
2) 大石太郎（2018）：カナダ・沿海諸州におけるアカディアンの文化と観光の発展．菊地俊夫編「ツーリズムの地理学－観光から考える地域の魅力」二宮書店，pp.72-83.
3) 大石太郎（2017）：ケベック州における英語話者の居住分布と言語環境への適応．ケベック研究 9: 59-74.

カナダという地域の「地」の「理」の「学」びをさらに深める一冊
水戸考道・大石太郎・大岡栄美編（2020）：「総合研究カナダ」関西学院大学出版会．

12章 ヨーロッパの地域としての見方・考え方

飯塚　遼

1 ヨーロッパの都市と農村における学びの背景と方法

　地域というものをみる際，その地域を構成する要素について捉えることが重要なヒントとなる。しかしながら，その地域をヨーロッパという括りにするとそれが格段に難しくなる。なぜなら，現在のヨーロッパはEUに代表されるように地域的な統合が目指され，統一性を示す一方で，その域内に多様な自然や環境，歴史，文化，宗教，言語などを内包しているからである。

　そのような状況のもと，数々の地理学者がヨーロッパとはどのような地理的領域に求められるのか試みてきた。18世紀以降，彼らは気候や地形などの自然環境特性を条件として，ヨーロッパの範囲を定めようとした。しかし，学者間の見解が大きく異なっていることや，曖昧な点も多いことから自然環境特性に基づく境界の設定には限界があり，そこに共通性は見出されなかった。一方で，20世紀以降は文化的特性からヨーロッパの地理的範囲を捉えることが主流となった。なかでも，ジョーダン＝ビチコフ,T.G.とジョーダン,B.B.(2005)は「ヨーロッパは1つの文化であり,その文化が占める地域」であるとしている。彼らはヨーロッパという地域を宗教（キリスト教）・言語（インド・ヨーロッパ語族）・人種(ユーロポイド(コーカソイド))という3つの基本的特性に加えて，教育や健康，生活，都市化，交通に関する水準の高さ，高度な産業経済，安定した人口規模，自由選挙による民主主義の浸透，居住地域の連担といった9つの特性によって定義づけている。確かに多民族社会化，多文化社会化が進む現代ヨーロッパにおいても，根底にはそれらの特性があり，人々が無意識に認識している一方で，特性から外れる点が種々の問題となって表出していることは理解に難くない。そして，そのような特性による視点からは，ヨーロッパという文化的共通性と同時に，他地域との差異というものが見えてくる。

　そのようなヨーロッパらしさが表出し，世界の他地域との違いが大きく現れるものの1つとして都市と農村の構造が挙げられる。マクロな視点から都市や

94

農村を俯瞰すると，ヨーロッパの都市や農村には伝統的な建物が数多く残存していることや，スカイラインが中心となる教会の尖塔に基づいていることなど独特の要素がいくつかあることがわかる。なかでも，人々が滞留する公共空間が配置されていることは新大陸にも伝播したヨーロッパの特異性として際立っているといえよう。そこで，本章では都市と農村における広場からヨーロッパらしさ，いわばヨーロッパをみるヒントを探っていきたいと思う。

2 ヨーロッパを学ぶ事例としての都市の広場空間

ヨーロッパの都市において広場は市街地の中心に立地しており，規模の大きい都市になると，地区ごとに中小の広場が階層性をもって展開する。広場には市庁舎のほかギルド・ホールや商館，大聖堂などが面して立地しており，その都市の中枢的機能を担う場所である。そもそも，ヨーロッパにおいて都市に広場が作られたのは古代ギリシャであるとされる。古代ギリシャの都市には，周囲にさまざまな公共施設が配置されたアゴラと呼ばれる空間が存在していた。アゴラでは人々が行き交い，政治や交易，社会活動を行う多機能的空間として機能していた。まさにヨーロッパの都市における広場の原型である。このアゴラは後のローマ時代になるとフォルムとして受け継がれる。フォルムはアゴラと同様に政治的機能や社会的機能を有する多機能空間であった。しかし，その規模はアゴラよりも大きく，都市を貫く大通りの結節点として計画的に配置されるものも出てきた。つまり，ローマ時代には広場の重要性が認識され，意図的に配置されたのである。

中世になると，広場を中心とした都市構造をもつ囲郭都市が形成されるようになった。広場は市庁舎や領主の館や教会に面しており，周囲はその都市の同業者組合であるギルドの建物によって囲まれていた。さらに，それらの背部には商店や職人の工房が建ち並ぶ商業地区が立地した。そして，商業地区から城壁にかけては都市住民の住宅が密集していた。つまり，中世ヨーロッパの囲郭都市においては都市の内部に広場を中心とした同心円状の都市構造が形成されていたのである（図１）。当時の広場は都市の重要行事や宗教儀式が行われる場や，封建領主が自らの権威を示す場としての役割に加え，周辺農村からの農産物を市で売りさばく交易の場や，住民たちが世間話をする日常のコミュニケー

図1 ベルギーの囲郭都市フュールネの地図
　　（16世紀）
　　（Jacob van Deventer, 1545,
　　スペイン国立図書館所蔵）

図2 ベルギー・フュールネの広場
　　（2011年3月筆者撮影）

ションの場としての役割も担っていた。中世ヨーロッパの都市における広場とは，ヒト・モノ・カネそして情報が取引される都市の中枢的多機能空間だったのである。

　その後も広場は残存してきたが，現在では広場に面して建てられていた公共施設は建て替えられたり，あるいはその用途をレストランやカフェに変えたりしている。しかし，そこには地元住民や観光客が行き交い，にぎわう様子が見られる。また，定期市が開かれ，コンサートなどのイベントが開催される場所としても使用されている。そうしてみると，広場は人々が集い，滞留することを可能にする多様な機能を有しており，都市における人々の生活の中心を担う重要な施設としての役割を維持してきたのである（図2）。

　一方で，近年では都市内部に新たな広場機能をもった空間が形成される動きもみられる。例えば，イギリスのロンドンでは，都市の再開発とともに人々が滞留することのできる新たな空間が形成されつつある。スピタルフィールズ地区はロンドン市街東郊の農村であったが，17世紀に青果市場とビール醸造所が建設されたことにより市街地として発展した。また，フランス人ユグノーの流入に始まり，19世紀にはアイルランド人やユダヤ人が，そして1960年代以降はバングラデシュ人が流入して形成された国際色豊かな労働者階級の居住地域であり，近隣の都市住民がわざわざ足を運ぶような場所ではなかった。しかし，近年ではそのような地域にも変化が見られ，人々が滞留する空間が形成されている。

　そのような空間の核としてオールド・トゥルーマン・ブルワリーがある。オー

図3 オールド・トゥルーマン・ブルワリーの現代的広場空間
（2017年8月筆者撮影）

ルド・トゥルーマン・ブルワリーは，1989年に閉鎖したビール醸造所を再開発し，2010年に完成した複合型施設である。入居する施設は，ブティックやレコード店のほか，オフィス，ギャラリーやクラブなどのイベント施設，ジムやボウリング場などのスポーツ施設，飲食店など多岐にわたる。飲食店のテナントは，典型的なイギリスのパブやレストランではなく，カクテルや流行のジンを提供するバー，エスニック料理を提供するレストランなどが中心である。また，工場のバックヤードは通行人も行き交う通路や広場として開放されており，マーケットやフード・トラックが出店することもある。普段足を踏み入れることのない廃工場の無機質で退廃的な雰囲気を味わいながら文化的・娯楽的アクティビティを楽しめることもあり，近隣の若者や観光客が行き交う空間となっている（図3）。

　このように，スピタルフィールズ地区においては，再開発されたビール醸造所を中心として人々が滞留する場所としての新たな広場空間が形成されている。その一方で，そのような再開発はジェントリフィケーションを誘発し，従来の地元住民を地域から排除してしまう側面もみられる。つまり，このような再開発により出現した新たな広場空間は，都市住民の誰もが集まることのできる伝統的な広場空間とは機能が異なるものである。しかし，それらの広場空間の根底には共通して人々が行き交い，集うための多機能空間を提供する意図がある。このような新しい広場空間はヨーロッパの各都市に出現しているが，そこには古代ギリシャから続く人々が滞留する空間を設置するという広場機能が踏襲されており，空間を通じてヨーロッパらしさが表現されている。

3 ヨーロッパを学ぶ研究事例としての農村の広場空間

　ヨーロッパの都市に広場があるように，農村においても広場が存在する。そのような広場は英語ではvillage green，ドイツ語ではDorfsplatzやAnger，オランダ語ではdorpspleinやdorpskernなどとよばれる。大概の場合，広場は集落の中心に立地し，教会や居酒屋などの集落における重要施設に面していた。また，共同の井戸や家畜用の池などが置かれることもあった。広場の用途は，夜間に家畜を保管しておくための共有の放牧地としてだけでなく，都市のものと共通して集落の行事の開催場所，農村中心地などの大規模な集落では周辺の農家から農産物を取引する市の開催場所としても利用された。一部の農村では，現在も広場の景観を良好に保存しているが，交通の発展にともなう道路拡幅や人口増加による宅地化によって見た目にはわからないことも多い。そのため，現在では都市の広場ほどに住民たちが滞留する場所としての役割は担っていないのが現状である（図4）。

　一方で，当時から広場のように人々が滞留する空間を提供してきた施設がある。それは集落の居酒屋である。イギリスやアイルランドではパブpubの通称で親しまれているが，pubとはpublic house（公共の家）の略語である。つまり，pubは集落の住民が集まる「公共の」場所であることを示している。また，ベルギーからフランス北部にかけてのフランデレンにおいてはcaféだけでなくherberg, kroeg, estaminet, stamineeなどと居酒屋に対する単語も多彩である。それだけ人々の間に居酒屋に対する認識が深いことが表れてい

図4 イギリス・モンヤシュの美しく維持された広場（village green）
（2013年10月筆者撮影）

る。とりわけ集落の居酒屋はvolkscafé（人々のカフェ）と呼ばれ，イギリスやアイルランドのpubと同様に集落住民が集う空間であることを示している。そのように，ヨーロッパの農村における居酒屋は地域に欠かせない重要施設であるといっても過言ではない。

集落の居酒屋は単なる飲酒の場ではなく，コミュニティにとってそれ以上の機能を担っている。例えば，集落内のクラブ活動の場として利用されたり，自治会のミーティングの場として利用されたりと，住民の日々のコミュニケーションの場として日常的に利用されている。また，一部の居酒屋は階上にゲスト

図5 イギリス・イースト・ラングトンのガストロパブ
(2017年8月筆者撮影)

ルームを設けて観光客に対する宿泊施設としての機能も担っている。さらに，近年では農村部における公共サービスや商業サービスを補完するものとして郵便局や食料雑貨店を併設するものもある。つまり，農村部における居酒屋とは，まさに農村コミュニティを維持していくうえで必要不可欠な人々が集い，滞留するための施設であるといえよう。

しかし，そのような集落の居酒屋においても集落自体の変容にともない，その利用形態もまた変化してきている。ここではイギリス・レスターシャーのイースト・ラングトンのパブを事例に見てみよう。イースト・ラングトンはレスターシャー南東部に位置する人口約400の村である。農村中心地であるマーケット・ハーバラーや地域の中心都市であるレスターに近接していることから1980年代より移入者が増加し，いわゆる通勤農村としての性格を強めた。通勤者の多くは専門職に就くサービス・クラスである。2011年のセンサスによると人口の約50%がサービス・クラスに該当しており，ルーラル・ジェントリフィケーションが進展している。

このようなルーラル・ジェントリフィケーションの展開はパブの利用形態においても顕著に表れてくる。伝統的なパブは，飲酒しながら世間話を楽しむコミュニケーションの場であり，食事提供は極めて簡素なものであることが一般的であった。しかし，イースト・ラングトンに立地する2軒のパブはどちらも食事の提供に重点を置くガストロパブである（図5）。そこでは伝統的なパブでは提供されることなかった牛や羊のステーキ，生野菜サラダを付け合わせにし

たハンバーガーなどのほか，おつまみについても高級なチーズやハムの盛り合わせ等がメニューに並ぶ。メニューでは，それらの料理に使用される食材の多くは周辺の農家から提供される食肉や野菜であることがアピールされる。そして，料理自体は素朴でありながらも洗練された板やスレート，あるいは食器に載せられて提供される。もちろん，それらの料理の価格は決して手頃なものとは言えない。

　また，建物についても，より農村のパブらしく演出する工夫がなされている。どちらのパブも18世紀後半から19世紀ごろの建物を改装しているが，外壁に蔦を這わせたり，前庭や裏庭を美化したりしている。内装については，天井の梁を見せるようにしたり，アンティークの調度品や薪をくべる暖炉を設置したりするなどルーラリティ（農村らしさ）を演出したモダン・ラスティック調に仕上げられている。これらのパブは，ジェントリファイヤーを中心とする移入者住民や，農村部でのウォーキングを楽しむ観光客を中心に利用されている。その一方で，旧来の地元住民にあまり利用されていない。つまり，イースト・ラングトンにおけるパブは人々が滞留する場所としての機能は有しているものの，その中心はジェントリファイヤーである移入者であり，パブ自体もジェントリファイヤーによってイメージされるルーラリティが反映される場所に変化しているのである。ここから見えてくるのは，ジェントリファイヤーによるルーラル・アイドル（理想的農村）の具現化である。通勤者の増加によるルーラル・ジェントリフィケーションの進展は，農村空間を農産物の「生産の場」から，農村の象徴を「消費する場」へと変化させるプロセスであり，そのような農村変容が生じている舞台としてパブが位置づけられているのである。

4　広場空間からみるヨーロッパの地域的な特徴

　ここまで，都市と農村における広場空間に着目しながら，ヨーロッパの地域的特性について探ってきた。都市においては広場そのものが残存し，形態は異なれどもカフェやレストランの立地する場所，あるいは散策する場所やイベントを開催する場所として人々が「集う」ための機能を果たしていた。また，近年の都市再開発のなかでも，同様の機能をもった空間や広場が配置されている。それによって，ロンドン・スピタルフィールズ地区においては今まで訪れるこ

とのなかった都市住民に対する魅力が生まれ，人々を惹きつけることが可能となっていた。その一方で，このような再開発による新しい広場空間は，ジェントリフィケーションによって集う人々を選択的にすることもある。このように，ヨーロッパにおける都市において人々が「集う」場所としての広場空間というものが受け継がれてきているのである。

　農村においては人々が「集う」広場空間の役割を居酒屋が担ってきた。それは居酒屋が単なる飲酒の場なのではなく，住民の交流やコミュニケーションの場として機能しており，まさにイギリスでよく言われるような「コミュニティのハブ」なのである。しかし，その一方でジェントリフィケーションの進展による農村の変容は，居酒屋における「集う」場所という機能においてもみられる。居酒屋自体が高級化することにより，都市における広場と同様に利用する人々が選択的となり，とりわけ移入者のジェントリファイヤーが「集う」場所へと変化していた。

　このように都市と農村いずれにおいても，広場空間が設定されている一方で，その使われ方は時代に合わせて，あるいは利用する住民に合わせて変化を遂げていた。それは，広場空間をヨーロッパの人々は重用し続けてきた証でもある。また，そういった広場空間の機能を変容させながらも重用し続けるところに，古さと新しさが共存するヨーロッパらしさが表出しているのである。最初にも述べたように，ヨーロッパという地域を捉えることは一概には難しい。しかし，ヨーロッパらしさに溢れる人々が滞留する公共空間における広場の機能に着目することは，ヨーロッパという地域の構造を見るヒントとなるだろう。

参考文献
1) ジョーダン＝ビチコフ，T.G.・ジョーダン，B.B.著，山本正三・石井英也・三木一彦訳(2005)：「ヨーロッパー文化地域の形成と構造ー」二宮書店.
2) 佐々木博(1986)：「ヨーロッパの文化景観ー風土・農村・都市ー」二宮書店.
3) 市川宏雄(2007)：「文化としての都市空間」千倉書房.
4) 櫻井明久(2018)：「北西ヨーロッパの空間構造ーヨーロッパ地誌を目指してー」古今書院.

ヨーロッパにおける「地」の「理」の「学」びをさらに深める一冊
加賀美雅弘編(2019)：「世界地誌シリーズ11 ヨーロッパ」朝倉書店.

13章 オーストラリアの地域としての見方・考え方

堤　純

1 オーストラリアの地域性

　オーストラリアはどのような地域かと聞かれれば，おそらく大半の人が，温暖な気候に恵まれ，豊富な農産・鉱物資源に恵まれ，陽気でフレンドリーなオージーの暮らす大らかで豊かな国と答えるだろう。

　こうしたイメージは，確かに現代のオーストラリアには当てはまるといえる。さらに，アジアからの移民を多く受け入れたり，貿易パートナーとしてアジア諸国との間で緊密な関係を結ぶようになったり，スポーツの国際大会のグループ分けでアジアの国々とトーナメント戦を行う「アジアとしてのオーストラリア」というイメージも，もはや定着しつつある。

　現代のオーストラリアを理解するためには，オーストラリアとアジア諸国との関係をみていく必要がある。1950年代の出身国別の人口構成を表した図1によれば，オーストラリア生まれは85.7％にのぼり，残りの14.3％についても，イギリス，アイルランド，ニュージーランドなど，文化的にはイギリスの影響を強く受けた同質的な人口構成であった。この当時，アジアの出身者はわずか5％未満であった。

　2016年におけるオーストラリア生まれの人口は総人口の66.7％にあたる約1562万人である。これは逆にいえば，総人口の3分の1は外国出身者が占めているのが現代オーストラリアの特徴である。歴史的に結びつきの強いイギリスやニュージーランドの出身者は依然として多いものの，2006年～2016年まで

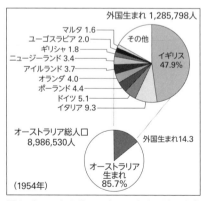

図1　オーストラリアの人口に占める外国出身者の割合（1954年）
（オーストラリア統計局のデータにより作成）

外国生まれ 1,285,798人
マルタ 1.6
ユーゴスラビア 2.0
ギリシャ 1.8
ニュージーランド 3.4
アイルランド 3.7
オランダ 4.0
ポーランド 4.4
ドイツ 5.1
イタリア 9.3
その他
イギリス 47.9％
オーストラリア総人口 8,986,530人
外国生まれ14.3
オーストラリア生まれ 85.7％
（1954年）

の10年間の変化で特に目につくのは，中国本土やインド，フィリピン，ベトナム，マレーシア，スリランカなどのアジアの国々の出身者の増加である。2016年におけるアジアの国々の出身者は約239万人を数え，総人口2340万人の10.2%を占めるに至っている。このように，オーストラリアではアジアの国々の出身者が急増していることが指摘できる。

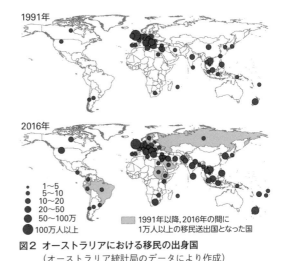

図2 オーストラリアにおける移民の出身国
（オーストラリア統計局のデータにより作成）

オーストラリアの移民[1]の出身国を表した図2によれば，1991年の時点ではイギリスを筆頭に，ヨーロッパの国々からの移民が主流であるものの，東南アジアの国々も移民送出国として目立つようになってきたことがわかる。一方，2016年についてみると，パキスタン，バングラデシュ，ミャンマー，アフガニスタン，イラクなどの西南アジア諸国，そしてアフリカから南米に至るまで，移民の送出国が広域化，多様化していることがわかる。

2 現代オーストラリアの地の理を学ぶ研究事例としての メルボルンの都市空間の立体化

オーストラリア第2の都市メルボルンは，市の中央にある市役所から半径約6 km程度（37.7㎢），人口は16.9万人（2018年）の小さな自治体である。メルボルン市は，隣接する7市との間で，政策面において密接な連携をとっている。さらに，メルボルン市から半径約40 kmの範囲に含まれる約50の周辺自治体とともにメルボルン大都市圏（Greater Capital City Statistical Area, GCCSA）を形成している。2016年の国勢調査時におけるメルボルン大都市圏全体の人口は約449万人である。

メルボルン市の都心部においては，1990年代半ばまでは高層建築物の用途

建築年
□ 1945年以前
⊞ 1946～1980
▥ 1981～1990
▨ 1991～2000
■ 2001～2015
□ 不明

階数
□ 25～49階
□ 50階以上

── 鉄道路線・トラム

※1 フリンダース・ストリート駅　　※2 サザンクロス駅
※3 バーク・プレイス・ビル　　　　※4 メルボルン・セントラル・ビル

図3　メルボルンにおける建物の建築年および階数(2015年)
（VicMapおよびメルボルン市役所のデータをもとに作成）

はオフィスのみが主流であったが，その後1990年代半ば以降は，住居系が主要な用途としてオフィスに取って代わった。多くの高層住宅が次々と供給されたことにより，1991年～2001年の期間にCBDにおける居住用の空間は10倍以上に急増した。1990年代初期にメルボルン市のCBDでみられた住宅開発は，子育て終了後の比較的裕福な中高年層（empty nesters）を対象に奨励策がとられてきたものである（堤・オコナー，2008）。

　メルボルンの都心部における建築物の建築年を示した図3によれば，中高層建築物に相当する25階建て以上の建物は，1980年代後半までは行政機関の集中するコリンズ・ストリート東部に集中する傾向にあったが，その後は都心部の広い範囲に分散する傾向がみてとれる。1980年代後半から1990年代初頭にかけてCBD西部に56階建てのバーク・プレイス・ビル（Bourke place，1991年），CBD北部に51階建てのメルボルン・セントラル・ビル（1991年）をはじめとする超高層建築物（50階建て以上）がCBD内のかつての縁辺部に相当する西部や北部において多数新築された。これらにより，メルボルン市ではCBDの一部の街区のみに限定されていた高層オフィスビルの立地は，平面的にも垂直的にも拡大した（堤・オコナー，2008）。

　この時期に，オフィスビルと並んで，あるいはオフィスビル以上に増加したものが中高層のコンドミニアムである。都心部やサウスバンクやドックランズと呼ばれる湾岸のエリアは，雨後の筍のように林立する高層コンドミニアムでほぼ埋め尽くされている（図4）。これらの不動産開発の中心は，中国からの投資，すわなちチャイナ・マネーであるといわれている（吉田・堤，2019）[2]。

こうした新規の高層建築に
は，オーストラリア生まれの
比較的裕福な中高年層以外に
も，アジア諸国からの富裕層
を中心に多くの移民が暮らし
ている。都心や都心周辺でみ
られる高層のコンドミニア
ムの部屋のうち，およそ3分
の1は所有者自らが居住して
いるが，残りの約3分の2は
投資用に購入されたものであ

図4　メルボルンで急増するコンドミニアム
（2018年9月筆者撮影）

り，管理会社を通じて賃貸物件として貸し出されている。こうした物件の大半
は2ベッドルームの標準的な部屋である。メルボルンには，メルボルン大学や
メルボルン工科大学といった都心に立地する大学に通う留学生が相当数存在す
る。在学期間中という数年程度の賃貸需要が，家賃収入を期待する物件所有者
の思惑と合致した。こうした物件に4人程度でルームシェアして居住する留学
生は，メルボルンをはじめ，オーストラリアの大都市では珍しくない（堤・オ
コナー，2008）。表1で示した通り，2000年を過ぎたあたりから，アジアの国々
からのオーストラリアへの移民が急増している。こうした「急増組」のなかには，
大学への留学生がかなり含まれている。さらに，オーストラリアの教育システ
ムを熟知するため，そして有望な大学への進学を有利にするため，高校生の時
から留学する生徒も増加している。

3　人口の急増と都市の大改造

　メルボルン大都市圏全体の人口は，2016年の国勢調査時には上述の通り約
449万人であるが，メルボルンの人口増加のスピードは，日本の大都市圏など
と比べると著しく早い特徴がある。2001年のデータによれば，メルボルン大
都市圏全体の人口は約341万人，2006年は約365万人，2011年には約400万
人と，2001年〜2016年までの15年間に約108万人，年あたりの人口増加率
にして2%を超えるスピードで人口が増加している。一方，オーストラリア最

大都市であるシドニー大都市圏の人口は，2001年には約400万人，2016年には482万人であり，シドニーの年あたりの人口増加率は1.4%程度である。後述するように，メルボルン大都市圏では，2050年時点の人口は，シドニー大都市圏を追い越して800万人程度になると想定されている。これは，世界的にみても最大規模に近い都市圏人口である。メルボルンでは，こうした急激な人口増加に対応した大都市圏の整備が進んでいる。

　具体的にみると，メルボルンは公共交通の整備が行き届いた「優等生」というイメージが知られているものの，その実態は，鉄道の線路設備，駅施設，車両のどれをとっても老朽化が否めない。将来の更なる人口増加を見据え，都心北西部のノースメルボルンからパークビル（メルボルン大学近く），州立図書館や市役所が並ぶスワンストン通りの地下を通って都心南側のドメイン地区で既存の地上線に合流する「メトロ・トンネル」が計画されている[3]。これにより，都心から南東方面に伸びる郊外路線のクランボルン／パーケンハムラインから，北西部の郊外に通じるサンバリーラインが直接結ばれる。2028年に開通が予定されるメトロ・トンネルにより，製造業や小売業などの就業機会の多い南東方面と北西方面が直接結ばれることにより，通勤者の移動がスムーズになることが期待されている。また，メルボルン大都市圏における新たな雇用機会の創出や，住みやすさの向上に貢献することが期待されている（堤，2019）。

　一方，決して低くない自動車依存の問題もある。Currie et al（2018）によれば，メルボルンの都心から10km以内（Inner Melbourne）の居住者は，車を所有しない人の割合が13.0%（2001年）から27.3%（2018年）へと大幅に増加した。都心から10km以内だけをみれば，多くのコンドミニアムが供給され，その住民が車を所有しなくても通勤や日常の移動にはさほど困難はないと考えられる。一方で，大都市圏の中間域（Middle Melbourne：都心から10〜20km）では車を所有しない人の割合が45.7%（2001年）から42.7%（2018年）へとポイントを落とした。さらに，世帯において2台以上の車を所有している人の割合は，28.4%（2001年）から50.0%（2016年）へと大幅に増加した。さらに，大都市圏の外縁部（Outer Melbourne：都心から30km以上）では車を所有しない人の割合が16.4%（2001年）から16.9%（2018年）とほぼ横ばいであるが，世帯において2台以上の車を所有している人の割合は，20.8%（2001年）から54.7%（2016年）へと大幅に増加した。

こうしたデータからみえてくることは，都心通勤者や，都心近くの居住者の自動車依存は改善されているといえるものの，大都市圏全体を俯瞰した場合は，公共交通優位というよりは，高い自動車依存の状態にあることである。郊外に向かえば，一般に住宅価格は安くなる。そのため，車がなければ移動もままならないようなアクセスの悪い場所でも住宅開発が行われ，所得が高くない住民が住宅を取得していることが現状である。こうした住宅の購買層には，移民も多く含まれると推察され，住宅ローンと2台以上の車を維持するためのコストが生活を圧迫している状況が垣間みえる。

　予想を上回るスピードで人口が増加し続けるメルボルン大都市圏においては，日々大都市圏構造の変革が進んでいる。都心から一定の範囲ではスプロールの抑え込みに成功しているように見える一方，大都市圏の末端部では，予想を上回るペースで進行する人口増加の圧力に押されて，現実的には無秩序な開発ともいえる安易な住宅開発が進行し，結果として自動車依存が改善されない現状も見てとれる。コンパクトシティの追求が，本当に住みやすいサステイナブルな都市をつくりあげることができるのかは議論の余地があるだろう（堤，2019）。

4　現代オーストラリアを理解するために必要な視点

　図5は，オーストラリアとアジアの国々との間の結びつきの変化を，図の左から右方向にかけて模式的に表したものである。図中に白の矢印で示したものは鉱産資源や農産物，工業製品などの「モノ」の変化，すなわち物流の変化を示している。図の左側は，国家間の結びつきとしては古い形態である。例えば，1960年代前半までは生産や輸出のコスト面から採算性をもたなかったオーストラリア産の鉄鋼石は，港湾施設，輸送インフラ，生活のライフラインの整備などをセットした日本型の開発ノウハウを駆使して開発された。しかし，2009年を境に中国向け輸出が日本向けを上回るようになり，1960年から2000年までの40年間かけて年間1億tに達した鉄鉱石の輸出は，その後の約20年の間に年間約8億t（うち中国向けは約6.7億t）にまで急拡大した。こうした「貿易」や「物流」などをキーワードとするパワーシフトの議論は，オーストラリア国内において近年盛んに行われているが，多くのケースにおいて中国の台頭と量的な変化ばかりが強調される傾向がある（O'connor and Tsutsumi, 2019）。

図5 オーストラリアをとりまく量的・質的変化(筆者原図)

　一方で，貿易相手の上位に依然として位置する日本や東南アジア諸国との結びつきは，量的拡大の傾向は弱いものの，これまでに経験したことのない質的な変化の局面を迎えている。例えば，2000年を過ぎた辺りからオーストラリアには「英語が苦手・低所得・肉体労働」といった旧来のステレオタイプな移民像とは異なる，若くて英語のスキルが一定レベル以上，かつ，専門的な資格をもつ新たなタイプの移民「新規移民」が急増している。代表的な一例を挙げれば，英語運用能力が不可欠ゆえに移民が就くことは希有であった介護職（ケアワーカー）が，「英語が話せる」フィリピンからの技術（職）移民によって当該職種の労働市場が席巻されている状況がある。また「人の流れの変化」に連動した「知識・ノウハウなどの流入」も顕著である。近年では，日本向けの資源輸出量の減少と中国向け資源輸出量の急拡大のみならず，利益率の高い高級食材（wagyuやマグロ，牡蠣など）の輸出に舵が切られている。また，図5においてグレーの矢印で示したものは，人の移動に伴うオーストラリア社会の質的な変化である。質的な変化として見逃すことができないのは上述の「英語が話せる」専門技術をもつ移民の増加に加え，生産・ノウハウなどの知識流動の拡大である。例えば，生産が増加している高級な肉類や魚介類の主な輸出先は日本であり，温度管理，種子や遺伝子情報などの知的ノウハウの管理は主に日本企業の手によって行われている。こうした日本向けを意識したさまざまな生産上のノウハウは，拡大傾向にある東南アジア市場向けの高級食材の輸出の際にも重要な戦略的情報になっている。

このようにオーストラリアは，鉱物資源の輸出に過度に依存してきたモノカルチャー的な産業構造から，質的な変化によって産業多様化の傾向が顕著にみられる。オーストラリアの「地」の「理」を理解するには，個別の変化を「虫の目」で詳細に分析することはもちろん，国を取り巻く大きな構造的変化を「鳥の目」で捕らえる視点も欠かせない。

注
1) オーストラリアの統計では，移民（migrant）はオーストラリア以外で生まれた人と定義されている。したがって，移民（migrant）には，永住者はもちろん，長期滞在者，留学生なども含まれる。
2) 例えば，https://www.lasalle.com/documents/Chinas-Impact-on-Australian-Real-Estate-January-2015l.pdf　など。一方で，中国からの投資家は，オーストラリアでの不動産の購入後も，約半数は住まずに空き家として保有し続けていることがオーストラリア当局から問題視されたり（https://www.smh.com.au/business/companies/up-to-half-of-chinese-buyers-leave-apartments-vacant-20170822-gy1n5p.html），近年の中国の経済停滞も影響して，チャイナ・マネーの引き上げも目立つようになってきている（https://www.abc.net.au/news/2017-05-25/chinese-investors-pull-out-of-melbourne-apartment-market/8557182）（いずれも2020年9月18日最終閲覧）。
3) https://metrotunnel.vic.gov.au（2020年9月18日最終閲覧）。

参考文献
堤　純，オコナー・ケヴィン（2008）：留学生の急増からみたメルボルン市の変容．人文地理，60，pp.323-340.
堤　純（2019）：8章「オーストラリア・メルボルンー急激な人口増加に対応する都市機能の集約」pp.216-248. 谷口　守編「世界のコンパクトシティ：都市を賢く縮退するしくみと効果」学芸出版社，251p.
吉田道代・堤　純（2019）：アジア系中間層・富裕層とオーストラリアの都市 −2000年以降のシドニー都心部の再開発，住宅価格の高騰をめぐる議論に焦点を当ててー. オーストラリア研究，32，pp. 90-97.
Currie, G., Delbosc, A. and Pavkova, K. (2018)：Alarming Trends in the Growth of Forced Car Ownership in Melbourne. Australasian Transport Research Forum 2018 Proceedings. https://research.monash.edu/en/publications/alarming-trends-in-the-growth-of-forced-car-ownership-in-melbourn（2020年9月18日最終閲覧）
O'Connor, Kevin and Tsutsumi, Jun (2019)：The impact of China-Australia connections on Australia's Metropolitan Areas 2001-2016. オーストラリア研究，32，pp. 1-14.

オーストラリアにおける「地」の「理」の「学」びをさらに深める一冊
堤　純 編著(2018)：変貌する現代オーストラリアの都市社会. 筑波大学出版会，200p.

14章

中国の地域としての見方・考え方

張　貴民

1　地理空間としての中国の見方・考え方

　中国はユーラシア大陸の東部に位置し、日本とは一衣帯水の位置関係にある。国土面積は広くて日本の約25倍になる。「地大物博」という表現があるが、世界一の人口大国のため、1人当たりの資源量は少ない。

　地理空間としての中国は歴史的にどのように見られてきたか。中国最古の地理書物とされる『禹貢』は地形・河川や物産などの自然要素から紀元前の中国(主に漢民族の居住地域)を9州(冀州、兗州、青州、徐州、揚州、荊州、豫州、梁州、雍州)と区分していて、各地の自然条件に即した理想的な地域区分であった。また『周礼』では、地形や土地利用の視点から国土を山林・川沢・丘陵・墳衍(水辺と低平地)と原隰(原野)の5つの空間に大別した。戦国時代の書物『管子・地員編』では、中国の国土をより系統的に区分・評価した。まず地形から国土を平野・丘陵と山地に大別してから、土地の質や表層の物質組成によってさらに25の類型に細分した。類似性を用いた地域区分の手法であった。

　フンボルトの斬新な地理学思想が中国に伝わり、中国でも地理学者による現地調査が行われ、より科学的に中国の地域を理解しようとする動きがあった。中国の気候・地形・土壌および植生等の自然地理環境に関する系統地理の研究や、地誌学的研究としていくつかの小地域や中地域での実地調査も見られた。同時に人間—自然関係論や地域差異などの地理学の基本理論についても初歩的考察が行われた(趙ほか、1979)。

　中国の地域的特徴は、何といってもその自然環境の多様性とそれを土台にする人文環境の多様性である。

　自然環境の中で地形条件が最も多様性に富んでいる。北緯36度に沿って中国の地形断面図を作ると、西から順にチベット高原、黄土高原、華北平野、黄海(大陸棚)のように標高が低下し、大地形は4つの階段に大別できる。地形分類で見ると、山地が33.3%、高原が26.0%、丘陵が9.9%、盆地が18.8%、

平原が12.0％である。山地，高原と丘陵が併せて70％近くを占める。最高峰はチョモランマ（エベレスト8,850m），トゥルファン盆地のアイデイン湖（湖底－161m）は最も低い場所である。標高別の国土面積をみると，500m以下の面積が25.2％，500〜1,000mが16.9％，1,000〜2,000mが25.0％，2,000〜3,000mが7.0％，3,000m以上が25.9％になる。特に5,000m以上の地域は182.4万㎢で国土面積の19％を占めている。これらの地形条件は人類活動の舞台を提供する一方，時には人間活動を制約するものでもある。

　一方，気候も多様性に富んでいる。まず東部の季節風気候，北西部の乾燥気候とチベット高原の高山寒冷気候の3つに大別できる。東部では，北から南へ冷温帯・温帯・暖温帯・亜熱帯・熱帯のように緯度に沿い規則的に展開している。そして，東部地域に3本の重要な地理的境界線がある。①万里の長城は北方の遊牧民と南の農耕民族を分ける境界である。長城付近に位置する張家口市は長城の内と外を結ぶ交通の要所であり，農畜産物の集散・交易地として繁栄してきた。長城より北は春小麦，南は冬小麦の主産地である。②秦嶺―淮河ラインは中国の地理景観を分ける重要な境界線であり，黄河流域と長江流域の分水嶺でもある。1月の平均気温0℃等温線，年間降水量800mmの等値線，また暖温帯と亜熱帯を分ける有効積算温度4,500℃等値線のいずれも秦嶺―淮河ラインにほぼ一致する。この線より北は畑作地域で，南は稲作卓越地域である。③南嶺山脈も重要な地理境界線である。秦嶺―淮河ラインと南嶺の間に広がる華中地域は亜熱帯に属し，南嶺山脈より南の地域は熱帯地域である。

　中国東部・南部は海洋性が顕著である一方，北部・西部は大陸性気候の特徴が強い。西北部奥地に位置する乾燥地域は，海から遠く離れているため，降水量が少ない。風力による侵食地形と堆積地形が発達している。タクラマカン砂漠やそれを取り巻く天山山脈や崑崙山脈などである。遊牧やオアシス農業が産業の特色である。一方，中国南西部に位置するチベット高原は世界の屋根と呼ばれ，氷河地形と凍土地形が発達し，高山寒冷気候になっている。チベット族によるヤクの放牧や高地農業が行われている。

　上述した地形と気候に，植生・土壌・水文などを加えて，これらの自然要素は作用しあって，複雑で多様な自然環境を形成している。一方，各地における地形・気候・植生・土壌等の要素も有機的に相互作用し，多様性に富んだ地域を作り出している。例えば，肥沃な黒土で覆う東北平野，レスの堆積で形成し

た黄土高原，天府の国といわれる穀倉地帯の四川盆地，中国最大な平野で政治経済の中心地域である華北平野，改革開放で著しく発展した珠江デルタ地域や長江デルタ地域などが著名な大地域である。

　地域としての中国を理解するため，まずその多様な地理環境を総合的に把握しておく必要がある。

２ 農村・農業と農民から見た都市と農村との関係

　ここでは，農村・農業と農民を取り上げる。なぜなら，これらの事象から中国の地域や社会を最も理解できるからである。農村は農業活動と農民生活の空間である。中国は，農村地域が約920万㎢で国土面積の95.9%を占めている。2019年の農村人口は総人口の39.40%であるが，国内総生産に占める農業の生産額はわずか7.1%であった（国家統計局，2020）。農民といえば，日本の農家をイメージする人は多い。中国の農民とは農山漁林村に住み，農業・牧畜業・漁業・林業などを生業とする人々のことであるが，中国の農民が農村戸籍を持っている点は日本の農家と異なる特徴である。以下では張（2019）に基づいて解説していく。

　中国では1958年に頒布された『中華人民共和国戸籍登記条例』により，二元的戸籍管理制度を採り，国民を都市戸籍と農村戸籍に区分している。都市戸籍とは都市住民が有する戸籍で，農村戸籍とは，農村住民が有する戸籍のことである。改革開放政策が導入される前までは，農村戸籍から都市戸籍へ変更するのには厳しい条件があった。農村戸籍の若者は努力して大学に入るか，軍隊に入る以外は，都市戸籍に変更する道はほとんどなかった。

　国は，都市戸籍を持つ住民に食料配給，住宅や職業の提供，学校教育と医療福祉などを手厚く保障していた。これに対して農村戸籍を持つ農民は，事実上，都市への転出が不可能になり，農村地域に縛られ，農林水産業に従事し，自給自足な暮らしをするほかに選択肢はなかった。

　改革開放政策が導入されると，1978年に集団労働の組織であった農村人民公社が解体され，農村に家族請負制が導入され，農民は自分の意志で自由に農業を経営でき家族収入を増やすことができ，万元戸になる農家も現れた。農業生産力が解放され，農民の労働生産性が向上し，それに伴い農業労働力が大量

に余り，国は農民に商業および輸送業に従事することを許した。1984年に国務院の「都市部における農民の戸籍転入に関する通知」によって，制度上では農村労働力の都市への移動を緩和し，農村余剰労働力は都市での合法的生存権を獲得し，農民は「離土不離郷」とい

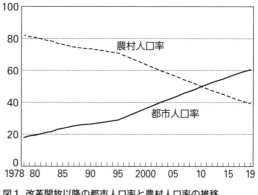

図1　改革開放以降の都市人口率と農村人口率の推移
（1978〜2019年，国家統計局データより作成）

う制約があったものの，隣町や遠い都市部への出稼ぎが可能となった。また都市部は建設ブームにあり，土木建設業，製造業とサービス業などに大量に廉価な労働力が必要であった。当時，農民は都市への一時的移動に戸籍所在地の紹介状が必要であったが，その後，カード式の居民身分証の導入により国内移動はより便利になった。今は居民身分証が高速鉄道，飛行機，ホテルの利用に欠かせないものとなっている。

　このように，大量な農村余剰労働力が都市へ流入した結果，都市人口の年齢構造や職業構造などが変化した。改革開放初期の中国では，都市では人口率はわずか17.9％（1978年）であったが，主に都市範囲の拡張に伴う人口の増加，都市地域の人口自然増加および農村地域からの転入の3つにより，都市人口が増加していった。図1は改革開放以降の都市人口率と農村人口率の推移を示している。ここでいう都市人口とは戸籍地と関係なく，都市地域に居住するすべての人口（都市常住人口という）で，それ以外の人口を農村人口とした。この図によれば，都市人口率は1978年から緩やかに増加し，1996年に30％の大台に乗った。その後，都市人口の増加が加速し，2011年に51.3％になり，初めて農村人口を超えた。2019年末に60.6％に達し，中国は統計上では都市化の高い国へ突入した。

　しかし，ここでいう都市人口は通常の意味での都市人口ではなく，農村戸籍を持っている農民の数も含んでいる。例えば，2012年に都市人口率が52.5％であったが，そのうち都市戸籍を持つ都市市民の割合は35.3％で，残りは農

村戸籍の人々であった。また，2017年末に都市人口率が58.5％であったが，都市戸籍を有する人口は42.3％であった。一定の条件を満たした農民は都市戸籍を取得して都市市民になることができるが，大多数の農民は事情が違う。農村人口が都市に移り住み，そこの都市市民と同じ待遇を得られるわけではなく，本当の市民権を得ていない。つまり人の都市化は未完成のままの状態である。一方で都市側の事情もある。人口センサスによれば，中国全国で毎年約1510万人の農民が市民化を待つ状態である。そのための公共コストは約2.27兆元となり財政負担が重いため，都市側は農民の都市市民化を受け入れることに消極的である。

　では，人口移動の地域性を見てみよう。中国は自然環境や経済・文化等の地域基盤の差異が大きいことから，改革開放政策はまず東部沿海地域に導入された。そして中部，西部内陸部へと空間的に移行してきた。それに伴い，全国スケールでの人口移動は，西部から東部へ，北部から南部へ，内陸部から沿海地域へという大きな流れがあった。また，都市農村間をみると，農村から都市へ，小都市から大都市へと向かう人口移動が主流であった。具体的な地域をみると，北京市と天津市を中心とする華北平野北部，上海市を中心とした長江デルタ，広州市を中心とした珠江デルタなどの経済発展地域への人口流入は顕著な特徴であった。移動人口の多くは農村余剰労働力である。2017年に全国の農民工（農村からの出稼ぎ労働者）は2億8652万人で，そのうち，外出農民工は1億7185万人で，現地農民工は1億1467万人であった。

　図2は，改革開放以来における農民工を取り巻く社会環境の変化を表したものである。農民工は，農村戸籍のままでは，都市戸籍を持つ市民のように医療・子供の教育・社会保険・住宅保障等の公共サービスを受ける権利がない。彼らは半都市化した農民と称され，その数は少なくとも2.6億人いると推測されている。農民工の多くは都市周辺部の「城中村」にある居住環境の悪い簡易住宅や地下室などに住んでいる。都市住民が嫌がる「汚い，危険，きつい」類の仕事に従事し，給料が安くてしかも不安定である。

　一方，農民工を送り出す農村を見ると，若い労働力の流出により農村は空洞化している。留守番をする老人や農村に残った児童のことは社会問題になっている。国家統計局等によると，2015年に出稼ぎの親についていった全国流動児童は3426万人，農村に残った児童は6877万人であった。つまり，人口移動

（主に農民の移動）の影響を受ける児童数は1.03億人に達し、全国の児童総数の38％を占めている。

また、農地の転用によって、生計の基盤である農地を失った農民の問題も深刻である。

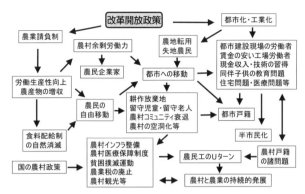

図2 改革開放以来の農民と農民を取り巻く環境の変化
張(2019)より修正作成

2005年に失地農民は約5000万人，2015年頃は約6500万人で，増える傾向にある。過去10年間，年平均23.7万haの農地が建設用地に転用され，毎年約260万人の農民が土地を失っている。今後20〜30年で，失地農民は1億人に達するとの予測もある。農地転用が先に進むが，その土地を失った農民は戸籍制度の制約で都市戸籍をなかなか取得できない。

　改革開放当時，広大な国土における地理環境の多様性と産業基盤の地域差を考慮した先富論（先に豊かになれる者や条件のよい地域から富ませ，そして豊かになった者は落伍した者を助ける）は地域経済を発展させた一方，地域格差や所得格差を拡大させ，都市から離れた農村地域や一部の農民が発展から取り残された。新型農村合作医療保障制度(2003年)，農業税の廃止(2006年)，農村土地の三権分置（所有権，請負権，経営権，2014年）等の政策転換は農民の待遇改善や営農環境の改善に大きな意義があるが，地域の多様性に適した政策が期待される。

　農村余剰労働力は，都市化や工業化に重要な役割を果たしてきた。その一部は都市戸籍を得て都市市民になったが，彼らの多くは二元化戸籍制度のもとで不公平な待遇を受けながら都市と農村のはざまに暮らしている。都市生まれ都市育ちの第2世代農民工は，就職や住宅の問題を抱えながら戸籍所在地の農村にも戻りたくない。農民問題は二元的戸籍管理制度，農地制度，都市－農村関係などを含めて，各方面の利害関係に絡んでおり，総合的な政策と制度設計が必要である。

3 これからの中国をみる視点

　1970年代末から始まった改革開放政策により，中国はGDPで世界第2位の経済大国に成長した。隣国として中国という地域を理解しておくことがますます重要である。以下では，地域としての中国の見方をまとめる。

　1) 自然環境や地域の多様性を総合的複眼的な視点からみる。第1節で述べた自然環境や地域の多様性の他に，農耕文化と牧畜文化，多民族多言語など，文化の多様性に着目する必要がある。例えば，漢民族でも方言や習慣等の豊かな地域性がある。農耕文化にも北の畑作文化と南の稲作文化の違い，牧畜文化にも北部や北西部の乾燥地域の牧畜文化とチベット高原の高冷草地の牧畜文化の差異がある。また黒河から騰衝までの胡煥庸ラインも好例である。中国の人口分布を明瞭に分けるこのラインの南東部には，人口・都市・産業などの大半が偏って分布している。さらに，農村中国と都市中国との見方も可能であり，広い農村地域と点在する都市を眺めると，都市農村の二重構造による地域差が歴然としている。沿海地域と内陸部も，対称的な地域として識別できる。

　ここでは中国の地域を総合的に理解する一例として，小麦産地の分布図（図3）を取り上げる。まず小麦の主要産地は秦嶺ー淮河ラインより北，万里の長城より南の地域に分布していることが分かる。第1節で解説した秦嶺ー淮河ライン，万里の長城は重要な地理境界線だと理解できる。地図の中の春小麦と冬小麦の産地境界線は気温と降水量において気候区分に重要な意味がある。積算気温の少ない万里の長城より北に春小麦が分布している。また，秦嶺ー淮河ラインは北方冬小麦産地と南方冬小麦産地の2大産地に

図3　中国における小麦産地の分布
　　程(1993)により修正作成

116

分けると同時に，畑作農業と稲作農業の境界線や「南船北馬」の境界線でもある。「南船北馬」は車や汽車のような近代交通が発達する前の中国における交通手段の地域差を表す言葉であった。中国南部では降水量が多く河川が発達しているため水路交通は発達し，一方の北部では馬車は主な移動手段であった。このように，地形や気候などの地理環境は経済社会を発展させる基盤であり，それを総合的に理解することが大切である。

　2）動態的な視点で歴史のなかの中国をみる。今までどう変化してきたか，今後どう変化していくかという視点である。地域は歴史を継承しつつ変化していくものである。歴史のなかの中国を見ると，理解を深めることができ，その地域の将来を推測するのもより容易になる。現在，都市地域が拡大し成長していて，それに伴う人口の都市化が進んでいる。その一方，日本でも経験していた農村の過疎化と衰退が顕著になってきた。高齢化は予想以上に進んでおり，将来の労働力不足と高齢者福祉の課題が重い。一方，高速道路や高速鉄道の建設に伴い，各地へのアクセス条件が改善され，地方にも発展のチャンスが増えてきたが，大都市優先の地域政策のもとで，地域間格差を拡大傾向にある。

　3）グローバル化の視点で世界のなかの中国をみる。今まで中国の劇的な変貌はまさに改革開放の結果であり，中国の内在的要因とそれを取り巻く世界の外部的要因が複雑に絡みあって相互作用した結果である。国境を越えて人・物・情報・資本などが交流することこそ，世界は関わり合い共に成長する。最近，中国を取り巻く国際環境に変化が見られ，アメリカとの貿易摩擦が大きな課題となった。また新型コロナ感染拡大の中に，中国における製造業等の立地移動，地域経済構造の調整，国内人口移動等に新しい変化が見られた。ポストコロナの時代でも地域としての中国から目が離れない。

参考文献

張貴民（2011）：巨大な人口を養う食料生産，上野和彦編「世界地誌シリーズ2 中国」朝倉書店，61-70.

張貴民（2019）：改革開放の中に揺れ動く中国農民．月刊地理，64-4，18-25.

趙松喬・陳伝康・牛文元（1979）：三十年以来我が国における総合自然地理学の進展について．地理学報，34-3，187-199.

程潞編（1993）：「中国経済地理」華東師範大学出版社，409p.

中国に関する「地」の「理」の「学」びをさらに深める一冊

季増民（2008）：「中国地理概論」ナカニシヤ出版，199p.

15章 さまざまな地図を用いた地域の見方・考え方

鈴木　晃志郎

1 地図は「ウソをつかない」のか？

　本書をここまで読み進めてきた読者諸兄は，訝しむに違いない。なぜなら，本章で改めて示されるまでもなく，「地図を用いた地域の見方」は先行する14の章で既にいくつも示されているからである。

　人類最古の地図は，シュメール文明の登場で人類が文字を手にするよりも遥かに前，氷河期（ヴュルム氷期）までさかのぼることができる[1]。以来，地図は

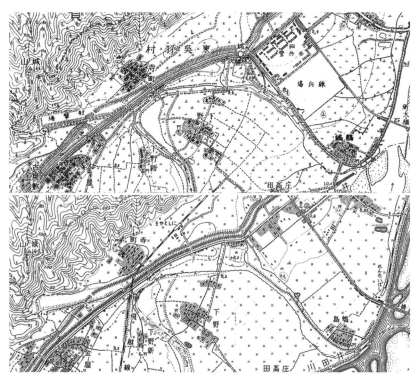

図1 富山大学周辺の「戦時改描」
（上半分が1911年発行，下半分が1930年発行の地形図）

図2 県営富山野球場の敷地内に残る聯隊記念碑
　(2020年9月筆者撮影)

地理学と切っても切れない関係であり続けてきた。しかし，その地図に対して
我々がどれほど自覚的であるかというと，はなはだ心もとないのが実情ではな
いだろうか。そこで本章では地図そのものに関して，自明の事柄を見つめなお
すことから始めてみよう。

　試みに，私の所属する富山大学の周辺を見回し，大学周辺が描かれた時期
の異なる2つの地形図を，上下に並べて示してみた（図1）。上半分を占める
1911年発行の地形図（1/20,000「呉羽村」）には，中心のやや東側に練兵場や歩
兵営（兵舎）が記され，西側の山裾に射撃場が記されている。しかし，1930年
発行の地形図（1/25,000「富山」）からは，それら全てが跡形もなく消滅している。

　この地には，県東部と岐阜3郡を徴兵区とする歩兵第六十九聯隊が展開して
いた。1930年版の地形図の東端に「れんたいばし」とあるのは，同隊の駐屯に
伴って中心市街地とのアクセスを確保する必要が生じ，図の東端に見える神通
川に新橋を架橋したためで，1911年の地形図では，その2年前に架橋された
ばかりの「新大橋」（現・富山大橋）の姿を確認できる[2]。

　駐屯地の跡地は現在，大学のほか県営富山野球場と五福公園に生まれ変わ
り，当時の面影はほとんどない。ただ，敷地の片隅に残る記念碑には，終戦を

迎えた1945年10月まで同隊が駐屯していたことが記されている（図2）。ゆえに1930年，そこに存在していたはずの練兵場や兵営は，それを知られると不都合な誰かによって，意図的に地図上から消されたことになるのだ。

あるはずの施設が地図上から忽然と姿を消す。その理由は，当時地形図の作成を国土地理院ではなく陸軍陸地測量部が担っていたことを知れば，容易に推察できる。軍事施設の情報が敵方に漏れれば，空爆や諜報活動の標的になるかもしれない。作り手（軍部）には，それらを地図から抹消する十分な動機があるのだ。これが「戦時改描」である。

デジタル地図が普及し，地図にセンチ単位の正確性が求められるようになった現在でも，作り手による改竄が行われる例はある。代表的な例が，地図上にしか存在しない「ペーパー・タウン」と呼ばれる架空の町である。

1925年，ジェネラル・ドラフティング社（G社）社長のオットー・リンドバーグと助手のアーネスト・アルパースは，地図データの無許可利用者に対するトラップとして，ニューヨーク州サリヴァン郡の郊外に架空の小集落Aglooeを潜ませた。すると数年後，ランド・マクナリー社の出版した地図上にAglooeが出現したではないか。G社は仕掛けたトラップを根拠に同社を相手取って訴訟を起こしたのだった。ところが裁判では，不利だと思われていたマクナリー社が「あれは集落名ではなくそこにある店舗の名だ」と主張，調査の結果，裁判までの数年間の間にAgloeを冠した店舗ができていたことが確認され，G社の請求は退けられる結末を迎えたのだった。

この話には後日談がある。その後G社はアメリカン・マップ・カンパニー社に吸収合併され，1992年に消滅した。その際，同社の保有データも移管されたため，架空だったはずのAgloeの名称は新会社へと引き継がれ，新会社の地図にも残り続けたのだった[3]。結果，AgloeはGoogle Map上にまで出現し，ようやく消滅したのは2014年のことだった[4]。

2 批判地図学とは何か

本書がまさしくそうであるように，地図は地域を見，地の理を学ぶ際の必須アイテムとなっている。しかし，地図もまた，人間が創作する道具の1つである以上，作り手側の意図や主観，価値観と無縁ではいられない。ならば，地図

図3 ユダヤ人学校に配布された「青い箱」
(1954年撮影, パブリックドメイン)

そのものを当時の社会や世相の写し鏡と考え, 分析対象としたらどうだろう? これが, 本章で紹介する「批判地図学」の考え方である。

　批判地図学の考え方は, イギリス出身の地理学者ブライアン・ハーレーが, デヴィッド・ウッドワードと共同で1987年に著した大著『地図学の歴史』で示された。彼らは, 地図を「人間世界の事象や概念, 状況や過程ないし出来事の空間的な理解をうながす図的表象」(Harley and Woodward 1987: xvi) とした[5]。近代測量が登場する前, 地図を作る行為は事実上, 限られた技術者(製図家)と地図を作らせることのできる財力をもつ者(パトロン)にのみ許された特権であった。彼らはその特権を活用し, 正確性を犠牲にしてでも地図を自らの権威や正統性を示すための道具に用いたのだ。魔女狩りや宗教裁判が席巻した中世ヨーロッパでは, 世界がキリストの身体に組み込まれた形で表され[6], 異教徒の施設は地図上から抹消された[7]。これを現代の感覚で笑うことはできない。冒頭で示したように, 我々もまた地図に欺かれてしまうことがあるのだから。

こうした地図は，時に閲覧する我々に働きかけ，被写体に対する我々のイメージすらも変えてしまうことがある。Wallach (2011) [8] は，批判地図学の見方を援用して，地理的領域を共有するイスラエルとパレスチナで流通しているさまざまな地図を分析し，それらがお互いに「自らの領土から相手を一掃する」という隠された願望を投影していることを明らかにした。この論文中でWallachは，かつてイスラエルの公教育の場で行なわれていた『青い箱』運動を紹介している。青い箱に描かれたイスラエルには，国境が記されていない（図３）。それは，土地の償還がなけなしの小遣いの寄付を通じて初めて形をなす未完の事業を示唆するからであり，青い箱がシオニストたちの土地償還運動への尊い犠牲を言外に働きかけるツールの役割を果たしていたからにほかならない。

③ 地図の理を学ぶ—私の研究事例から

　地図を通して人と社会がおりなす諸現象のプロセスやメカニズムを解明すること。これは私のみならず，人文地理学者のほとんどが実践していることである。そのなかにあって，敢えて批判地図学を武器に地の理を究めてきた私の研究を一言で形容するなら「見えないものを可視化する」になるだろう。ここでは私の近年の研究から，当時大学院生だった于燕楠さんと行った研究事例をご紹介したい。何を隠そう，それはお化けの研究である。

　お化けの研究と言われて，皆さんはどのようなものを連想するだろうか。昨春，さまざまな学部から200人の学生が集まった教養科目の授業で「あなたの分野の知識を使ってお化けを科学するとしたら，どんなことが考えられますか」と，試しに尋ねてみた。すると面白いことに，医薬理工系の学生のほとんどが「お化けの存在を確かめるため，機器を使って＊＊を計測します」と回答してきたのだ。これは彼らが無意識のうちに私の質問を，「お化けの存在をどうやって立証しますか」という問いへと読み替えたことを意味する。お化けは，彼らの科学観をあらわにするトリックスターなのだ。

　お化けそのものの有無を議論する限り，それに手を出す科学者は「疑似科学者」のレッテルを貼られてしまう。しかし，科学者すらも否定できない確度で，確実にお化けがいる場所がある。それは人々の心の内側であり，口承（都市伝説や怪談）のなかである。お化けそのものでなく，お化けに関する風説を流布す

る人々の語りを通じて，人々のお化け観を科学的に解明できるのではないか。これが，私と于さんの考えたことであった。

1910年は，お化けを含む怪異と科学の関係が大きく変化した年である。遠隔透視ができるとされた女性の能力を旧帝大の科学者が実験的に検証し，科学がオカルトに背を向けるきっかけになった千里眼事件，のちに民俗学会の会長を務めた柳田國男が民間伝承としての怪異を収集した『遠野物語』の出版，二者はいずれも1910年のことである。日本で広義の科学として存在すること

表1 大正時代と現代の怪異譚の内容比較分析結果（U検定）

大項目	個別項目	大正 (n=72)	現代 (n=280)	p値
語り手の話法	実体験	215.500	166.471	0.000
	伝聞	108.222	194.057	0.000
怪異の特性	可視性	243.056	159.386	0.000
	性別の視認性	201.167	170.157	0.007
	変化	204.667	169.257	0.000
	相互作用	274.167	151.386	0.000
怪異の類型	幽霊	138.444	186.286	0.000
	妖怪	223.000	164.543	0.000
	動物霊	214.889	166.629	0.000
	神	186.222	174.000	0.000
	異人	177.333	176.286	0.811
	火の玉・首	221.056	165.043	0.000
	その他の怪異	185.611	174.157	0.281
場所の特性	公園	166.444	179.086	0.035
	ダム	171.500	177.786	0.104
	トンネル(隧道)	140.000	185.886	0.000
	野山	200.111	170.429	0.000
	水辺(海辺含む)	191.444	172.657	0.000
	寺社・火葬場・墓地	194.111	171.971	0.004
	道路	184.500	174.443	0.111
	橋	173.944	177.157	0.406
	田圃	178.444	176.000	0.049
	城址	170.500	178.043	0.074
	建物(可住)	201.000	170.200	0.000
	建物(空家・廃屋)	147.000	184.086	0.000
エピソードの特性	死亡	157.889	181.286	0.039
	行方不明	169.944	178.186	0.108
	場所性	177.944	176.129	0.817

を許されたわずかな例外が妖怪学なのは，決して偶然ではない。

　この時期，富山県内の2つの新聞社（富山日報と高岡新報）もまた列島を包むオカルトブームに乗り，県内の怪異譚を収集して連載記事を執筆した。その記事を再編・書籍化したのが，2015年に高岡新報社から出版された『越中怪談紀行』である。この本には，個々の怪異譚の細かい内容と出没地に関する情報が含まれていた。つまりある程度統一的な基準で，どんなお化けが，どこで，どのように出たと噂されていたのかを収集した同書は，100年前の口承のエビデンスだった。同じように現代も，お化けが出る，怪奇現象が起こるという噂を記録しているものがある。そう，インターネット上の心霊サイトや掲示板だ。于さんと私は，富山県内の大正時代と現代の怪異譚をこれらの情報源から抽出

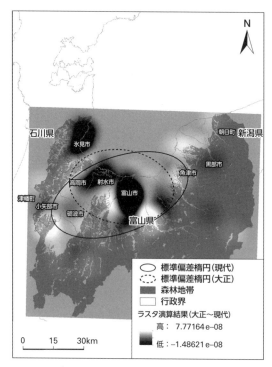

石川県
氷見市
朝日町 新潟県
黒部市
高岡市 射水市
魚津市
津幡町
小矢部市
砺波市
富山市
富山県

N

○ 標準偏差楕円（現代）
⊘ 標準偏差楕円（大正）
森林地帯
行政界
ラスタ演算結果（大正～現代）
高：7.77164e−08

低：−1.48621e−08

0　15　30km

図4　大正時代と現代の心霊スポットの比較分析（ラスタ演算と標準偏差楕円）結果

し，共通の分類指標（物差し）を使ってその種類別の出現頻度や出没地点を数値に変換した。

　結果をそれぞれ表1と図4に示そう。表1は，大正と現代の2グループ間で，各々の項目に統計学的に意味のある出現頻度の差があるかを示したものである。色の濃い項目は，2群間に有意差があったことを示している。「語り手の話法」では，大正時代の実体験，現代の伝聞がそれぞれ有意に高い。つまり，大正時代は顔見知りから語られていた怪談が，現代では出処不明の風聞になったということだ。同じく「怪異の特性」をみると，現代のお化けは大正時代に比して，目にも見えなければ性別も分からず，目の前で変化（へんげ）することもない存在になったことが分かる。「類型」をみても，現代のお化けは人型幽霊ばかりで，バリエーションが乏しくなってしまった。さらには，人の居住空間からお化けが急速に姿を消し，山間地にあるトンネルや廃墟まで出かけていかなければ見ることのできない存在になったことも，「場所の特性」から読み取れるのだ。

　図4は，怪異譚のなかから出没地点を特定し，大正時代と現代の心霊スポットの分布傾向の違いを，地理情報システム（16章参照）で比較分析したものである。まず「カーネル密度推定」という方法で，元の点からの距離に応じた出現確率を，面的な広がりとして表現する。次に，大正時代のカーネル密度分布図と現代のカーネル密度分布図の間で，空間的な引き算処理を行う（ラスタ演算）。

すると，2つの時代を見比べた時，県内のどこで，どちらの時代のお化けや怪奇現象が相対的により報告されやすいかを示す分布図ができあがる。白いところほど大正時代の，黒いところほど現代の値が高いことを示している。参考までに，図4には森林地帯がどこにあるかが分かるよう，薄く網掛けをしておいた。特に図の西側で，「平野部に大正・山間部に現代」の関係が成立していることがお分かりだろう。現代の生活空間から，怪異は急速に退いていきつつあるのである。

　この事例は，第三者によって作られた地図を通じて，当時の世相を分析しているわけではない。しかし，結果として得られた地図から読み取れることは，紛れもなく2つの時代の怪異に対する社会的態度の変化そのものである。生と死の境界に位置する怪異が具体性を失って退いていくのはなぜなのか。それは，この100年間に人の死が自宅から病院へと隔離され，日常生活から遠ざけられたことによって，具体的なイメージを失ったことの表れと考えられる[9]。地図から時代の空気を読む。これも，批判地図学の醍醐味なのだ。

参考文献

1) Wandersee, J.H. 1990. Concept mapping and the cartography of cognition. Journal of Research in Science Teaching 27(10): 923-936.
2) 河西奈津子 2000. 富山大橋～現在・過去・未来～その1. 博物館だより 47.https://www.city.toyama.toyama.jp/etc/muse/tayori/tayori47/tayori47.htm
3) Jacobs, F. 2014. Agloe: How a completely made up New York town became real. https://bigthink.com/strange-maps/643-agloe-the-paper-town-stronger-than-fiction
4) Krulwich, R. 2014. An imaginary town becomes real, then not. True story. https://www.npr.org/sections/krulwich/2014/03/18/290236647/an-imaginary-town-becomes-real-then-not-true-story
5) Harley, J.B. and Woodward, D., eds. 1987. The History of Cartography. Chicago: University of Chicago Press.
6) Pischke, G. 2014. The Ebstorf Map: Tradition and contents of a medieval picture of the world. History of Geo- and Space Sciences 5: 155-161.
7) Rubin, R. 2005. One city, different views: a comparative study of three pilgrimage maps of Jerusalem. Journal of Historical Geography 32: 267-290.
8) Wallach, Y. 2011. Trapped in mirror-images: The rhetoric of maps in Israel/Palestine. Political Geography 30(7): 358-369.
9) 鈴木晃志郎・于 燕楠 2020. 怪異の類型と分布の時代変化に関する定量的分析の試み. E-Journal GEO 15(1): 55-73.

地図学に関する「地」の「理」の「学」びをさらに深める二冊
マーク・モンモニア著, 渡辺 潤訳(1995):「地図は嘘つきである」晶文社.
若林芳樹(2018):「地図の進化論: 地理空間情報と人間の未来」創元社.

地理情報システムによる地域の見方・考え方

矢部　直人

1　地理情報システムによる学びの背景と方法

　地理情報システム（Geographic Information Systems: 以下，GISと記す）
は，主に電子地図を扱うシステムのことを指す。我々の身近なところでもGIS
は使われており，例えばGoogleマップは目的地までのルートや，店舗の検索
などに使われているGISである。日本におけるGISは，阪神淡路大震災の復
興に役立ったことなどから，1990年代後半から急速に普及した。地理学の研
究においてGISは必須のツールであり，今や地理学の研究で新しく作られる
地図の多くは，手書きではなくGISによって作られている。誰でも入手でき，
地図を描くことができるフリーのGIS[1]もあり，GISによる地図作製のハード
ルはかつてなく低くなっている。

　GISを使って地域を見る研究領域はとても幅広く多様である[2]が，本章では，
GISと計量的な地理空間分析手法を組み合わせて地域を見る方法を紹介した
い。地理空間分析手法は，対象地域全体の地物の特徴を分析するグローバルな
手法と，対象地域内部の局所的な地物の特徴を分析するローカルな手法の2つ
に分けることができる。ローカルな分析手法では，その分析結果をGISを使っ
て地図化し，地図を読み取って解釈する。そのため，GISと相性が良い手法で
ある。

　GISとローカルな分析手法の相性が良い具体的な理由の1つは，試行錯誤が
簡単にできることである。当たり前であるが，GISを使うと，手書きによる地
図作りとは大きく異なり，一瞬で地図を作ることができる。ローカルな分析手
法の結果をすぐに地図化し，結果を見ることができるのは大きなメリットにな
る。なぜなら，分析結果を見た後に，結果をさらに改良するヒントを得ること
もでき，分析に新たな変数を投入するといった試行錯誤を簡単に行うことがで
きるからである。分析に試行錯誤はつきものであるが，あまり表には出ない地
味な過程でもある。そのような地味だが重要な過程をGISが支えている。

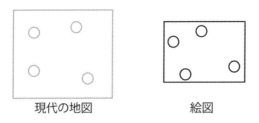

a. 2枚の地図から対応する地点をみつける（この例では4地点）

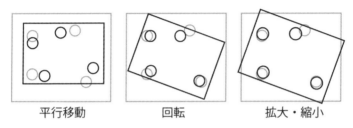

b. 4地点のずれの合計が最小になるよう三つの操作をする

図1　二次元回帰分析による現代の地図と絵図の重ね合わせ

　以下では，GISと地理空間分析手法を組み合わせて使った分析事例を，2つ紹介する。近年では，GISを使った研究領域は，過去の歴史的な事象に向かっても拡がっている。そのため，歴史的な事象の分析から1つと，現代的な課題の分析から1つをとりあげてそれぞれ紹介する。

2 江戸時代に作られた城下町絵図の歪みに関する分析

　江戸時代には，城下町の様子を，現代の地図に近い形で描く城下町絵図が作製された。江戸時代に作製された絵図は，比較的正確な位置関係が記録されているとはいえ，当時の測量技術の水準や，作図方法に由来する歪みがある。ここでは，新潟県上越市の高田を対象として，江戸時代の正保年間に作製された城下町絵図と現代の地図を重ね合わせて歪みを抽出し，江戸時代の絵図の作り方を推測する試みを紹介する[3]。絵図の歪みを抽出する方法として，地理空間分析手法の1つである二次元回帰分析という手法を使う。

　二次元回帰分析を使って絵図の歪みを抽出するには，まず絵図のなかの道路の交差点と対応する，現代の地図上の道路の交差点を複数見つけることが必要

図2 正保の絵図と現代の地図を重ね合わせた後に残る部分的な歪み

である（図1 a）。次に，対応する交差点同士のずれが最も少なくなるように，絵図と現代の地図を重ね合わせる。絵図全体に平行移動・回転・拡大縮小といった操作をしながら現代の地図に重ね合わせる（図1 b）。絵図には当時の測量方法に由来する歪みや作図時点での歪みが含まれるため，現代の地図とぴったり重なることはなく，各交差点にずれが残る。

　絵図の歪みは，絵図全体の歪みと，絵図のなかの部分的な歪みの2つに分けて考えることができる。絵図全体の歪みとは，絵図を現代の地図と重ね合わせるために必要な，回転，拡大・縮小などの操作のことである。現代の地図と重ね合わせるときに絵図全体を5度回転させる必要があれば，絵図全体に5度の歪みがあることになる。また絵図のなかの部分的な歪みとは，絵図を現代の地図と重ね合わせた後に明らかになる交差点ごとのずれを指す。この部分的な歪みをGISで地図化することにより，当時の地図の作り方について考察する。

　正保の絵図の部分的な歪みを詳細に検討するため，現代の地図の交差点を基準として，絵図にどの程度のずれがあるのか，矢印でずれの方向と大きさを示す（図2）。絵図の部分的な歪みを見ると，図2中のA地点を中心に誤差が放

射状に広がっている部分がある。地図の作製過程で偶然生じた誤差であれば，ずれの向きや大きさがばらばらになるはずである。それが，きれいな放射状の誤差が生じるということは，何らかの原因が背後にあることが考えられる。

考えられる原因の１つは，測量の誤差である。図２中のA地点から測量を始めたため，そこから遠ざかるに従って誤差が累積し，ずれが大きくなっていったのだと考えることはできないだろうか。当時の測量方法は距離の測定に縄を使うものであったため，測量を始めた地点から遠ざかるにつれて，誤差が累積することはあり得えよう。なお，A地点は江戸時代には南北方向に下水が流れていたため，特に南北方向には遮るものがなくて見通しがよく，測量の際に都合が良かったと考えることもできる。同じように誤差が放射状に広がっている部分は，図２中のB地点付近にもみられる。また高田城外堀の南側には，高田城三の丸付近（図２中のC地点）を指す方向のずれが集まっている箇所がある。当時の三の丸付近には何か目印となるようなものがあったのかもしれない。正保の絵図を作製する際には城下町をいくつかの地域に分けて，それぞれに測量していった様子が推測できるのである。

3 富山市における居住推進地区と人口増加数の関係

日本全体で人口が減少し，高齢化が進むなかで，コンパクトシティへの取り組みが注目されている。そのなかでも，富山市のコンパクトシティへの取り組みは有名である。富山市のコンパクトシティ政策とは，市街地を郊外へ拡大するのではなく，公共交通機関の沿線に人口や都市機能を集めたコンパクトなまちづくりのことを指す。富山市がコンパクトシティへ取り組むようになった背景として，市街地が郊外へ拡大することにより，自動車の利用が増えていることがある。そのため，自動車を運転することができない人，特に高齢者にとっては移動に不便な状況となっている。そのような状況に対して，主要な鉄道駅やバス停の周辺に商店や病院などの都市機能を集めたり，公共交通機関の沿線に人口を集めたりすることによって，徒歩と公共交通機関を使って生活できるまちづくりを目指している。

具体的な施策をみていこう。富山市では，2006年に富山駅からほぼ真北に延びる鉄道路線を整備し，LRT（Light Rail Transit）と呼ばれる新しい公共

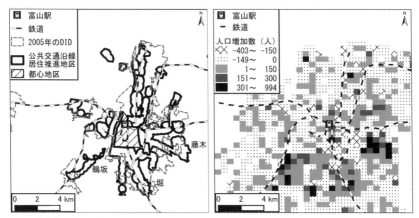

図3 富山市の主な居住推進地区と2005 ~ 2015年の人口増加数
（富山市資料，国土数値情報，国勢調査により作成）

交通機関を導入した。また，2008年の富山市都市計画マスタープランにおいて，人口を誘導する地区である居住推進地区を設定した。この居住推進地区内に住宅を開発する事業者や，住宅を取得する住民には補助金が出される。これらの施策が進められてから10年以上が経過しているが，富山市の狙い通り，人口は公共交通機関の沿線へ集まってきているのだろうか。

ここでは，国勢調査の500mメッシュデータを用いて，富山市内で人口が増加している地区と居住推進地区の関係を分析する。対象期間は，富山市においてコンパクトシティ政策が進められる前の2005年から，原稿執筆時点で最新の国勢調査のデータが得られる2015年までとする。

富山市の主な居住推進地区は，図3左側のようになっている。富山駅から各方面に延びる鉄道（新幹線を除く）の沿線や，高頻度で運行されているバス路線の沿線に居住推進地区が設定されている。居住推進地区には2種類あり，都心地区は公共交通沿線居住推進地区よりも，住宅の建設や住宅の取得にかかる補助金の額が手厚くなるなどの違いがある。

2005~2015年の人口増加数を図3右側に示した。人口増加が顕著なのは，富山駅から南西方向の鵜坂周辺，南部の堀周辺，東部の藤木周辺といった地区である。いずれも近くに居住推進地区が設定されている。しかし，富山駅から北に伸びるLRTの沿線に設定された居住推進地区では，人口が減っているところが目立つ。全体に，2005年時点でDID（Densely Inhabited District:

ほぼ既成の市街地に相当する）であった地区では，あまり人口が増えていない
ようである。ただ，都心部では，マンションの建設により人口が増加している
ところもみられる。

　居住推進地区と人口増加数との関係を明らかにするため，マルチスケール地
理的加重回帰分析（Multiscale Geographically Weighted Regression: 以下，
MGWRと記す）という地理空間分析手法を使う。MGWRは，対象地域内部
で変数間の関係が変化する現象（空間的非定常性）を分析するのに向いた手法で
ある。先に述べたように，同じ居住推進地区でも，北部のLRT沿線と，南部
や東部の地区では人口増加の状況が異なるため，居住推進地区と人口増加数と
の関係が異なっていると予想される。そのため，人口増加数を被説明変数，居
住推進地区（500mメッシュの重心が居住推進地区内にあると１，そうでなけ
れば０を記録したダミー変数）を説明変数としたMGWRを行う。なお，居住
推進地区以外の影響を統制するため，そのほかの説明変数を４つ加えた（2006
年時点での土地利用が田んぼであることを示すダミー変数，2005年のDID外
側からの距離，2005年のDIDの外側から500ｍ以内にあることを示すダミー
変数）。分析対象の範囲は，富山市の主な居住推進地区をカバーする範囲とし，
富山駅から７kmの範囲を分析対象に設定する。

　MGWRの分析結果
は，居住推進地区と人
口増加数の関係が対象
地域内で変動している
ことをはっきりと示し
ている（図４）。居住推
進地区の係数が大きな
正の値を示しているの
は，先述した鵜坂周辺，
堀周辺，藤木周辺など
であり，これらの地区
では居住推進地区と人
口増加数が正の関係に
なっている。つまり居

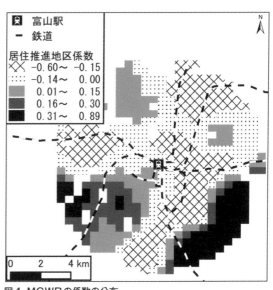

図4 MGWRの係数の分布

住推進地区の設定が人口増加につながっている関係である。それに対して，北部のLRT沿線では居住推進地区の係数が負の値を示しており，居住推進地区と人口増加数が負の関係になっている。

　北部のLRT沿線では，居住推進地区が既成市街地のなかにあるため，新たな住宅開発が難しいことが考えられる。それに対して，鵜坂周辺，堀周辺，藤木周辺は，いずれも2005年のDIDの外縁部にあたり，新たな住宅を建設しやすい。これが，同じ居住推進地区でも人口増加数との関係が異なる理由であると思われる。MGWRの分析により，居住推進地区を設定することは，対象地域全体に一様な効果をもたらすわけではなく，人口増加と関係する地区とそうではない地区に分かれることが明らかになる。既成市街地のなかに設定された居住推進地区を人口増加に結びつけるには，リフォームを活発化させるような取り組みが必要なのかもしれない。

4　GISと地理空間分析の組み合わせによる地域の考察

　地理空間分析の結果をGISを使って地図化する際に重要なのは，分析結果が示されている地図を読み取って，そこから何が言えるかを考察することである。

　城下町絵図に対する2次元回帰分析では，絵図を眺めていただけでは分からない，絵図の部分的な歪みを取り出して描くことができる。さらにその地図を読み取って他の知識と結びつけることにより，絵図の作製過程に関して推測をすることができた。分析結果の地図を読み取る際に重要なのは，当然ではあるが現地に関する知識である。既存のデータにはない，かつてそこが下水だったというような知識を得るには，現地に関する他の資料を調べたり，現地の専門家の話を聞いたりすることが必要になる。また，下水の上は遮るものがなく見通しがよいということは，現地に行かなければ気づかないことかもしれない。

　富山市の居住推進地区に関するMGWRを使った分析では，係数の分布図をGISで作ることにより，居住推進地区と人口増加数の関係が対象地域内部で変動していることを示すことができた。居住推進地区の地図と人口増加数の地図をそれぞれ作り，それを重ね合わせても似たような考察をすることはできるかもしれない。ただし，他の変数の影響を取り除いたり，関係の強さを数値

としてはっきり示すというようなことはMGWRを使わなければ分からない。MGWRの結果の地図を読み取るときにも，現地の知識は必要である。なぜ，ある地区では居住推進地区と人口増加数が正の関係を示す一方で，ほかの地区で負の関係を示すのか，といった疑問に答えるには，現地の状況が分からなければならない。過去の地図を見て従前の土地利用を調べてみたり，実際に現地を訪れて住宅の様子を観察したりすることが必要であろう。

　地理空間分析手法は，分析前のデータを地図化しているだけでは分からない，絵図の部分的な歪みという特徴や，対象地域内部で変動する変数間の関係といった事象を数値として示せることが重要な点である。その分析結果はGISを使って地図化することができ，GISと相性が良い研究手法である。ただし，地理空間分析手法を用いた分析結果を適切に読み取って考察するには，現地に関する知識が求められる。GISはパソコンの上で動かすことが多く，分析の作業はデスクワークで完結すると思われるかもしれない。しかし，これまで述べてきたように，地理空間分析手法の結果を考察するためには，現地でのフィールドワークが必要になるときもある。GISと地理空間分析を組み合わせて地域を考察するときは，デスクワークとフィールドワーク双方のバランスをとることで，より興味深い考察をできる可能性がある。

　現代では，スマートフォンの普及などに伴い，多様かつ大量な地理情報を入手できるようになった。このような多様でかつ大量のデータを分析するため，地理空間分析手法はますます発展していくと思われる。一方で，その分析結果を考察するため，地域に関する知識もますます求められるようになるであろう。

参考文献

1) 谷 謙二(2018):「フリーGISソフトMANDARA10入門　かんたん！オリジナル地図を作ろう」古今書院.
2) 浅見泰司・矢野桂司・貞広幸雄・湯田ミノリ編(2015):「地理情報科学—GISスタンダード」古今書院.
3) さらに詳しい内容は以下の文献を参照されたい。矢部直人 2014. 高田の城下町絵図の楽しみ方. 浅倉有子・志村 喬・茨木智志・山縣耕太郎・矢部直人・花岡公貴・荒川 将・泉 豊『ぶら高田』6-13. 北越出版.

地理情報システムに関する「地」の「理」の「学」びをさらに深める二冊

マーク・モンモニア著, 渡辺 潤訳(1995):「地図は嘘つきである」晶文社.
杉浦芳夫編著(2003):「地理空間分析」朝倉書店.

人流データの分析による行動空間の見方・考え方

杉本　興運

1 人流データによる行動空間の学びの背景と方法

　行動科学の発展や地理学における計量的手法の導入の流れの中で，個々人の知覚・認知・移動などの側面を扱う行動地理学による生活空間の分析が進められるようになった。生活空間とは，人々の生活行動の空間的広がりを漠然と意味する言葉である。都市・地域計画では，より実体的な計画的単位となる空間を示すものとして生活圏という言葉が使われている（荒井ほか, 1996）。一方で，個人の生活行動が展開される空間的な範囲を示すものとして，「行動空間」という概念がある。人々は日常生活において何らかの活動をするために，ある場所から他の場所へ移動したり，特定の場所に滞留したりするが，これらを包括したものが行動空間である。個々人の行動空間は，地図上に過去の移動軌跡や滞留箇所の分布を描くことで具体的に観測することが可能であり，地理空間との対応関係を分析することもできる。さらに，大勢のデータを集計的に分析することで，多くの人々に共通するパターンなどを抽出することができる。こうした分析によって人々の生活行動の基本的構造を明らかにすることは，都市・地域計画，商業・娯楽施設の立地，住民の生活水準の向上のための労働・余暇政策といった場面において有用である。

　生活行動にもさまざまな種類の活動がある。総務省統計局が実施している社会生活基本調査では，生活行動を大きく1次活動，2次活動，3次活動の3つに分けている。1次活動には，睡眠や食事など生理的に必要な活動が含まれる。2次活動は，仕事や家事など社会生活を営む上で義務的な性格の強い活動である。3次活動は，上記以外で各人が自由に使える時間における活動である。3次活動は余暇活動とも言われ，休養，気晴らし，自己啓発に関わるさまざまな活動（趣味・娯楽，観光旅行，ボランティア活動，スポーツなど）が含まれる。生活行動の一般的な調査では，さまざまな活動が1日のなかでどのように時間配分されているのかといった時間的側面を追求するものが多い。地理学ではそ

こに空間軸を加えることで，よりダイナミックに人々の行動空間を把握する。また，生活行動を把握するための調査方法として，従来は主にアンケート調査が行われていたが，最近のICT技術の進展によってデータ取得方法の多様化やデータの大規模化が進み，これまで困難だった分析が可能となった。

　本章では，人々の地理空間上での行動を表すデータの集合である「人流データ」を使った調査・分析の結果から，人々の行動空間の見方・考え方を学ぶ。特に非日常性の高い余暇活動である観光に焦点を当て，質問票，GPS機器，人流ビッグデータという異なる3種類の手段を使った調査・分析の事例を通して，観光行動の時間的・空間的な特性について考える。

2 質問票を用いた行動空間の把握

　行動空間を把握するための一般的な方法としては，アンケート調査での質問票配布があげられる。図1は富士山麓地域を訪れた観光者の旅行の軌跡を示している。道の駅富士吉田にて旅程に関する質問票を配布し，得られた結果を移動軌跡として表現している。居住地から出発し，観光スポットや宿泊施設などを訪問し，居住地に帰るという一連の旅程を地図上に線で結んだ形で表現している。これにより，どこから観光者が多く訪れているのか，彼らがどのように移動しているのかを，大まかではあるが視覚的に理解できる。この事例では，道の駅富士吉田から直線距離で50〜100kmの圏域に含まれる東京都，神奈川県，埼玉県を居住地とする観光者が多いこと，彼らは富士山麓地域へ訪れ，その内部の観光スポットを周遊する移動パターンが多いことがわかる。

　さらに，観光者の出発地（居住地）と目的地の位置関係を「距離」という指標に置き換えることで，観光行動のより深い理解につながる。先行研究では，居住地から目的地までの距離（以後，旅行距離と呼ぶ）によって，観光者の特性や行動空間が変化することが指摘されている。一般的には，旅行距

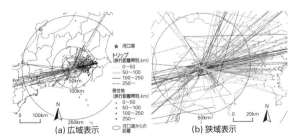

図1　富士山麓地域を訪れた観光者の旅行の移動軌跡

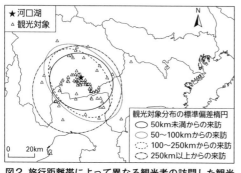

図2 旅行距離帯によって異なる観光者の訪問した観光スポットの範囲

離が増大するほど，観光者の移動範囲は拡大し，魅力度の高い観光スポットばかりを訪問することが知られている。これは，時間とお金をかけて遠くまで来たからには，評判の良い観光スポットをできるだけ効率よく巡りたい，という観光者の合理的思考によるものである。逆に，居住地が目的地に近いという条件の観光者ほど，日常性の高い余暇活動を目的とし，単一あるいは少数の観光スポットを訪れ，比較的短い時間だけ滞在して帰宅するパターンが多くなる。この結果，観光者の目的地内での行動範囲は遠くから訪れた観光者よりも狭くなる傾向にある。図2は，富士山麓地域において観光者が訪問した観光スポットの範囲（標準偏差楕円）を，4つの旅行距離帯に分けて，それぞれ視覚化したものである。実際に，旅行距離帯50km未満の近場から訪れた観光者の行動範囲が最も小さく，旅行距離帯250km以上の遠方から訪れた観光者の行動範囲が最も大きい。したがって，特定の地域における観光行動を理解する際には，観光者の個人属性や旅行形態といった要素に加え，旅行距離という空間的な要素を含めた視点が重要な意味をもつといえる。

3 GPS機器を利用した行動空間の把握

　最近の観光行動調査における大きな変革が，GPS（Global Positioning System）を搭載したモバイル端末の普及である。GPSとは現在の位置情報を特定し，ログデータとして記録することが可能なシステムである。GPSロガーと呼ばれる小型受信機やGPS搭載のスマートフォンなどが，観光分野に限らず，人や動物などの行動調査でよく利用されるようになった。GPS機器を観光行動調査で用いる利点として，質問票を使った調査よりも詳細な時空間解像度で移動軌跡を把握できる点があげられる。観光地を訪れた人々に対してGPSロガーを配布し，それを携帯しながら観光スポットを巡ってもらうこと

で，個々人の詳細な移
動軌跡を示すログデー
タを入手することがで
きる。そして，多くの
観光者のログデータを
統合し，地図上で視覚
化することによって，
どこの施設や道あるい

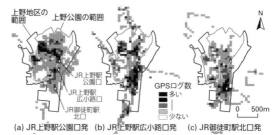

図3 上野地域における出発地点別の観光者の空間利用

は区域がよく利用されるのか，どのような移動ルートが代表的かを判断するこ
とができる。これらは，施設配置計画や混雑度予測といった観光地経営での実
務においても役立つ知見となろう。

　さて，事例として，東京の都市観光地として有名な台東区の上野にて実施し
た，観光回遊行動調査の結果を紹介したい（Sugimoto,et al. 2019より）。こ
れは，上野の2つのエリア（上野公園エリアと下町エリア）間の回遊性を高める
施策を検討するための基礎調査として実施した。図3は，上野における出発地
点別の観光者の空間利用を示している。出発地点とは，この地域で人の出入り
が特に多い3つの駅出口（JR上野駅公園口，JR上野駅広小路口，JR御徒町駅
北口）のことを指す。GPSロガーによって収集した観光者のログデータを，50m
四方の格子群（50mメッシュ）に格納し，各格子に含まれるGPSログの数によっ
て，その場所がどのくらい多くの人に利用されたのか，あるいは特定の個人が
どのくらい滞留していたのかを把握できる。図3(a)より，JR上野駅公園口を出
発した観光者の空間利用は上野公園エリアの内部が中心で，アメ横のある下町
エリアへ訪れた人は少ないことがわかる。また，JR上野駅広小路口を出発した
観光者の空間利用は南北に大きく広がっているが，特に南の下町エリアを中心
に回遊している（図3(b)）。そして，JR御徒町駅北口を出発した観光者の空間利
用は，下町のアメ横付近に偏っている（図3(c)）。このように，上野における観
光者の回遊行動は，出発地点よって空間利用にみられる特性が大きく異なるこ
とがわかる。この理由をもう少し深く考察してみたい。

　前項において，観光行動を「距離」という指標から分析したが，上野のような
狭域での観光行動の分析においても距離は有効な指標である。ただし，ここで
は距離逓減という効果に着目する。距離逓減とは，地理空間上の2つの地点間

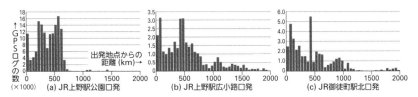

図4 出発地点からの距離によるGPSログ集積度合いの変化

（あるいは複数）において距離がもたらす影響を説明する用語であり，より具体的には2地点間の距離が離れるほど相互に作用する力が小さくなる性質のことである。このことは，距離がさまざまな物体の移動にとっての障壁となることを示している。観光行動における距離逓減とは，例えば観光者の回遊の出発地点を1つに固定した場合，そこに近い観光スポットほど移動のコストが少ないため多くの人々が訪れるが，逆に出発地点から遠い場所ほど移動コストが増大するため，訪問する人の数は減少する。つまり，観光者の地点間の移動は距離からの抵抗を受ける。しかし，出発地点から遠くとも，魅力のある観光スポットがある，交通機関が整備されているなど，地域の条件によって状況は変わる。

　さて，上野の事例ではどうであろうか？　図4は，出発地点からの距離によるGPSログ集積度合いの変化を示している。3つのパターンのいずれも出発地点から50m圏内に滞留がみられるが，それより距離が増大すると様相が異なる。JR上野駅広小路口やJR御徒町駅北口から出発した観光者の場合（図4(b)・(c)），出発地点から100m圏内で滞留がみられるが，これは駅に比較的近い商業施設を主に利用していたためである。出発地点からの距離がさらに増大すると，どちらの場合もGPSログの集積が所々で山を登りながらも徐々に減少し，全体として距離逓減のカーブを描いている。また，双方とも概ね出発地点から700〜800m圏内での回遊が主体であることがわかる。出発地点から400〜500mの箇所でGPSログの集積が非常に高くなる部分があるが，これは特定の施設に長時間滞留する訪問者がいたためである。一方で，JR上野駅公園口を出発した観光者の場合，出発地点からの距離100m付近からGPSログの集積が増加し，550〜600mの辺りでピークとなっている。これは，出発地点であるJR上野駅公園口からみて，上野公園の奥に位置する上野動物園に訪れる人々が多かったことを示す。つまり，この場合の観光者の空間利用は上野動物園という魅力度の高い文化施設の立地に大きく影響されている。

4 人流ビッグデータを利用した行動空間の把握

最後に，注目度の高い人流ビッグデータについて紹介する。人流ビッグデータとは，人の流れに関する大規模なデータのことであり，ICTの普及やPC性能の向上を背景としたデータ処理基盤の発達により，データの整備や利用が活発化している。多くの場合，公的機関や民間企業から有償あるいは無償で提供されているデータを調査や分析に利用する。広く知られたものとしては，各地の携帯電話基地局から収集される携帯電話契約者の位置情報をもとにして整備された「モバイル空間統計」がある。これは，全国365日を対象に，指定領域内の1時間ごとの流動人口を把握することができるデータである。無償のデータとしては，パーソントリップ調査を基に作成された「人の流れデータ」があり，これは東京大学空間情報科学研究センターによって提供されている。

人の流れデータとは，全国の都市圏で実施されたパーソントリップ調査の個票を基に，個々人の1分おきの現在位置の地理座標（緯度経度）を推定したものである。属性情報として，ID，年齢，性別，職業・学生種別，トリップ目的，交通手段などが含まれている。図5は，東京大都市圏の2008年10月1日における約56万人分のデータ（総レコード数は約8億）のなかから，トリップ目的に「観光・行楽・レジャーへ（日常生活圏外）」が含まれ，かつ浦安市（TDR：東京ディズニーリゾート）を訪れたことが確認できた人々のデータを抜き出し，個々人の移動軌跡を緯度経度の座標軸に時間軸を加えた3次元空間のなかで視覚化したものである。このような移動軌跡の表現は「時空間パス」と呼ばれ，複雑な人の動きを視覚的に直感的に理解することに優れている。図5をみると，朝の早い時間に東京大都市圏のさまざまな居住地から人々が浦安市（TDR）へ向かい，そこで長時間滞留した後，夜に居住地へ帰宅のために拡散していったことがわかる。この典型的な日帰り観光における活動の推移を生活時間として表すと，図6(a)のようになる。ただし，浦安市（TDR）は東京大都市圏の居住者に

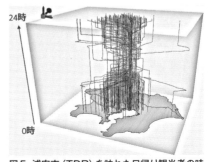

図5 浦安市（TDR）を訪れた日帰り観光者の時空間パス

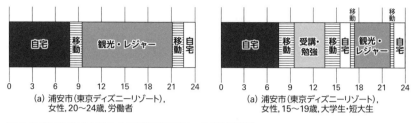

(a) 浦安市（東京ディズニーリゾート），
女性，20〜24歳，労働者

(a) 浦安市（東京ディズニーリゾート），
女性，15〜19歳，大学生・短大生

図6　浦安市（TDR）を訪れた日帰り観光者の一日の生活時間

とってアクセスがよい地域であるため，図6(b)のように，昼間に学校で授業を受けた後，夕方に浦安市（TDR）を訪れ，約4時間だけ滞留し，夜には帰宅するといった，忙しい旅行をしている人もいる。

　人流ビッグデータには，ソーシャルメディアから入手可能なデータも含まれる。観光行動の研究調査で利用されているのが，例えばTwitterの位置情報付きツイートや，Flickrに投稿された位置情報付きの写真画像である。他にも，野外でのレクリエーション活動を記録したGPSログデータを投稿可能なWebプラットフォームもある。このような，Webを通して不特定多数の人々が自発的に投稿した位置情報付きのデータ群は「ボランタリー地理情報」と呼ばれ，観光行動調査への利活用が期待されている。ボランタリー地理情報の利点として，さまざまな地域の直近あるいはリアルタイムでのデータ収集が可能なこと，比較的ニッチな活動に関するデータを入手しやすいことが挙げられる。

　ここではボランタリー地理情報を使った調査の事例（Sugimoto,2020）として，野外でのサイクリングを扱った観光行動調査の結果を示す。図7は，とあるWebプラットフォームから，日本でのサイクリングの活動が記録されたGPSログデータを収集し，地図化したものである。データ数は16,945件となった。図7をみると，東京大都市圏や京阪神大都市圏といった，人口規模が大きい地域でサイクリングが頻繁に行われていることがわかる。これは一般的な日帰り観光と同じ傾向である。調査の前段階では，北海道やしまなみ街道などサイクルツーリ

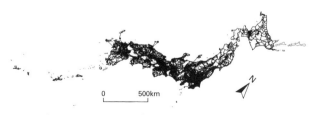

図7　日本におけるサイクリング活動の空間分布

ズムで有名な地域に，サイクリング活動が
集中しているという仮説を立てていた。し
かし，実際には人口規模の大きい地域やそ
の周辺ほど，サイクリング活動の集中度が
高い傾向にある。これは，大都市圏が巨大
な観光市場であること，サイクリングが手
軽に実施できることが関係しているだろ
う。そして，時間的側面に焦点を当てるこ

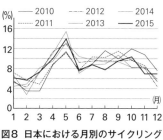

**図8　日本における月別のサイクリング
活動の出現頻度の割合**

とで，図8のように数年間にわたる月別のサイクリングの動態を把握すること
もできる。図8から，サイクリングが最も活発に行われるのは，4〜5月の春
の季節であるとわかる。一般的な国内宿泊旅行は夏休みと重なる8月に参加人
口が最も多くなるが，サイクリングの場合は野外で過ごしやすい冷涼な季節に
活発に行われる。国内宿泊旅行が休暇制度といった社会条件に大きく影響され
る一方で，野外での積極的な観光行動は季節や気象といった自然条件に影響さ
れやすいことを示唆している。

　以上，人流データの分析から行動空間を把握する方法を，実際の観光行動調
査の結果を基に解説した。今回紹介した質問票，GPS機器，人流ビッグデー
タといったツール以外にも，カメラ画像やWi-Fiセンサーなど，人の流れを
把握するためのさまざまなツールが開発されている。こうした最先端のツール
は，従来の研究テーマの深化や新たな研究テーマの創出を促し，地理学におけ
る行動研究の可能性を大きく広げることに寄与するだろう。

参考文献
1) 杉本興運・小池拓矢(2015)：富士山麓地域における観光行動の特徴―着地からの旅行距離に着
　目して―. 地学雑誌124(6),pp.1015-1031.
2) Sugimoto,K., Ota,K. and Suzuki,S. (2019)：Visitor mobility and spatial structure
　in a local urban tourism destination: GPS tracking and network analysis.
　Sustainability, 11(3), 919.
3) Sugimoto,K. (2020)：Volunteered geographic information for monitoring and
　exploring cycling activities in the Japanese nationwide geographical space.
　Information Communication Technologies in Tourism 2020, 307-319.

「行動」空間における「地」の「理」の「学」びをさらに深める一冊
荒井良雄・神谷浩夫・岡本耕平・川口太郎 (1996)：「都市の空間と時間―生活活動の時間地理学」
　古今書院.

18章 地域振興に役立つ地域の見方・考え方

小原　規宏

1 産業による地域振興から交流による地域振興へ

　地域振興という言葉は，今やあらゆる場面で毎日のように見聞きするようになった。それだけポスト産業化時代に突入した日本，特に地方と呼ばれる地域では振興が急務となっているということであり，それゆえ地域活性化やまちづくり（まちおこし）など，さまざまな言葉と混同されて使用されることが多い。本章では先行研究を踏まえ，図1のように地域振興を位置付けて使用することとする。ここで重要なのは，ポスト産業化時代においては地域振興とまちづくりとがオーバーラップする箇所があるということであり，その箇所は従来の産業の空洞化が進むにつれて徐々に大きくなっていくということである。それゆえ，地域振興について解説する際には，地域振興をまちづくりとどれだけオーバーラップさせて考えていくかが重要になってくる。本書では，これからの未来を創りあげていく比較的若い世代をターゲットにしているこということもあり，中長期的視点で地域振興を解説していく。具体的にはさらに少子高齢化が進行した日本の地方を念頭におきつつ，ポスト産業化時代の持続的な地域振興という視点で解説していくこととする。

　グローバリゼーションと情報化社会の進展は，従来の場所や空間，地域がもつ意味を大きく変貌させている（注1）。場所や空間，地域がもつ意味を国内だけで問うていれば良かった時代には，今では考えられないほどにそれらがもつ意味は私たちの身近に存在し，私たちと直接的で強固な関係性を有していた。しかし，グローバリゼーションと情報化社会の進展は，従来の場所や空間，地域がもつ意味を大きく変貌させた。特に情報化社会においては，場所や空間，地域はその意味を喪失したいう指摘までなされるようになった。著者は場所や空間，地域はその意味を喪失したとは考えていないが，それでも従来のような意味は失いつつあり，従来のように場所や空間，地域が私たちに働きかける関係から私たちが場所や空間，地域に働きかける関係へと変化したと考えてい

る。このような大
きな変化を背景と
して，とりわけ地
方における地域振
興策も大きく変化
してきた。具体的
には，産業による

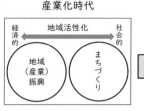

図1　本章の地域振興の捉え方

地域振興から交流による地域振興への変化である。現在のような場所や空間，地域がもつ意味を国内だけで問う必要がなくなった時代には特に「効率化」を最も重視する産業界は国内からいち早く手を引き，国内の地方では早々に産業化による地域振興を期待することができなくなった。さらに，産業化による地域振興の終焉と情報化社会の進展は，私たちにとっての場所や空間，地域の意味を希薄化させ，私たちから郷土愛やシビックプライドといった場所や空間，地域に対する「愛着」を希薄化させた。一方で社会の成熟化は観光や交流，ライフスタイルといったツーリズムへのニーズを高めるとともに，SDGsをはじめとした持続性への関心の高まりはローカリゼーションという流れも生み出しており，学問的な分野はもちろん，あらゆる分野において特に交流による地域振興が重視されるようになっている。さらに近年ではその交流についても議論が一歩進み，地域振興を含む地域活性化においては，特に広義の意味でのクリエイティブ層との連携や交流が重視されるようになっている（注2）。

　以上のように，これからの地域振興は，かつての産業化による地域振興のような大きなインパクトは期待できないものの，他の少子高齢化を迎えた国がそうであるように，消極的にも聞こえるが，現状維持を当面の目標としつつ地域を徐々にコンパクトにしながら，外の力を借りて少しずつ持続性を高める工夫を盛り込んだ地域再編を進める「交流による地域振興」が中心となっていく。そこで本章では次に茨城県ひたちなか市における比較的若い世代を巻き込んだ地域振興の一端を事例として紹介する。

2　茨城県ひたちなか市における地域振興の事例

　地域振興がブームとなっている昨今は，その一端が景観として表れるように

図2　干しいもの直売(左，2020年3月筆者撮影)，干しいも使ったグラノーラ(中央，2020年3月　筆者撮影)，ほしいも神社(右，2020年8月筆者撮影)

　なっている。景観観察は，地域の状態が景観として表象されると考える地理学の研究の醍醐味の1つである。そこでまずは図2を見てもらいたい。図2の左は水戸市内の直売所の一角を撮影したものであるが，何種類もの干しいもが販売されているのが分かる。形も多様で値段も数百円のものから千円を超えるものまである。実際に販売されている干しいもを手にとって産地を確認すると，どれも水戸市に隣接するひたちなか市や東海村で生産されたものである。確かにどの直売所も少量多品目の販売を経営の柱としているが，これほど多様な干しいもを販売しているのは茨城県の県央地域の直売所くらいである。それでは次になぜ図2の左の写真のような景観が形成されたのかを探っていく。

　干しいもは，原料であるかんしょを蒸して乾燥させた加工品である。江戸時代に静岡県で生まれた伝統的な加工品であるが，現在の国内の年間生産量は約1万トンで市場規模は約200億円となっており，年々市場規模を拡大させている。近年の健康志向ブームが干しいもの人気を支えていると指摘されているが，産地は依然として限られており，2007年度のデータによれば茨城県の生産量が全国の総生産量の約9割を占めた。干しいもは，江戸時代の文政年間に，現在の静岡県で誕生したといわれている。それが明治時代の1908年に茨城県に伝わり，特にひたちなか市の那珂湊地区で盛んになった。現在でも茨城県内の干しいも生産の中心地はひたちなか市であり，ひたちなか市の生産量が茨城県の総生産量の約7割を占めている(注3)。発祥地の静岡県ではなく茨城県が産地なったのは，ひたちなか市を含む茨城県沿岸部がかんしょの生産に適した水はけの良い砂質土壌に覆われていることと水産物の干物と同じように漁師の副業として広がったことが指摘されている。

日本で9割という圧倒的なシェアを占める茨城県の干しいもであるが，その局地的に形成された産地としての強みと近年のひたちなか市における観光化が干しいもをめぐるさまざまな動きを生み出しおり，そのなかでも2019年度「全国商工会議所きらり輝き観光振興大賞」に選ばれたひたちなか商工会議所の取組みが特筆される。ひたちなか商工会議所は，グローバル企業の寡占化が進む珈琲業界において年々その存在感を増している地元の珈琲会社のトップが中心となり，全国から注目を集める取組みを次々と生み出す商工会議所として有名で，干しいもについても，干しいもを使った新たな菓子の開発や干しいも歴史を紹介する書籍の出版などを手掛ける「ほしいも魅力発信プロジェクト」を進めている。そしてこのプロジェクトの延長として，図2の中央や右に示された従来の枠組みを超えた新商品とそれを生み出す新たなコラボレーションが創出されているので，次にその取組みを紹介する。

3 茨城県ひたちなか市産の干しいもが地域振興にもつ意味

　ひたちなか市は2020年現在，人口15万4714人を有し，工業を主な産業とする自治体である。近年は観光地としての発展も著しく，2018年度の入込客数は約390万人で，茨城県内では約450万人の大洗町，約420万人のつくば市に次いで3番目に多い。さらに過去20年間での入込客数の増減率が18％増となっており，入込客数上位の自治体のなかでは最も増加率が高くなっている。これは，市内に立地する国営ひたちなか海浜公園で年2回開催される花のイベントと，毎年8月に開催されるロックのイベントの成功によるところが大きい。このことが，少なからずとも干しいもをめぐる動きにも好影響を与えている。

　著者は毎年，自身が担当する講義で学生たちに「関心のある地域」を挙げてもうようにしているが，年々ひたちなか市を挙げる学生が多くなっている。学生たちの多くはその理由として「ひたちなか海浜公園とそこで開催されるロックイベント」を挙げる。参考までに国内の観光地をランキング形式で紹介するサイトのなかで閲覧者数の多いいくつかのサイトをチェックすると，ひたちなか海浜公園は，「じゃらん」では2位（1位はアクアワールド，3位は袋田の滝）に，「トリップアドバイザー」でも2位（1位は筑波宇宙センター，3位は北浦大橋）にランク付けされている。このように現在のひたちなか市は多くの人の関心を

表1 「ほしいもグラノーラ」開発の主要アクター

主要なアクター	各アクターの活動拠点	各アクターの特徴
高校T	水戸市	地元の高校生
一般社団法人I	宮城県気仙沼市，福島県会津若松市，水戸市・ひたちなか市など	社会的なアントプレナー
ホテルK	ひたちなか市	経営に長けたリーダー
商工会議所会頭	ひたちなか市	経営に長けたリーダー
加工会社	ひたちなか市	地元のスモールビジネス

集め，特に若い世代の間では「ロックイベントのまち」として認知されており，過言すれば若い世代からの共感を得ているといえる。著者も近年の著作のなかで何度か指摘してきたが，情報化社会のキーワードとして「共感」という言葉がたびたび指摘されており，場所や空間，地域に対するまなざしも「共感」のまなざしが重要になっているのである（菊地 2018）。この一連の変化のなかで，ひたちなか市を舞台とする若い世代の動きも活発化しており，その１つが地域と高校生の協働による干しいもを使った新商品の開発として結実したのである。先の図２の中央の写真は，その新商品である「ほしいもグラノーラ」である。この新商品の開発は，水戸市のT高校と全国的な地域からの若者離れを食い止めることを目的として設立された法人I，そしてひたちなか市のランドマークともなっているホテルKが連携し，干しいも加工業者やひたちなか市商工会議所がバックアップする形で実現した（表１）。当初は高校の地域連携活動の一環としてスタートした活動であったが，最終的には全国規模の賞を受賞するほどの活動へと大きく発展した。

　そして，さまざまな干しいもを巡る動きの極めつけが「ほしいも神社」の建立である。「ほしいも神社」は2019年にひたちなか市の堀出神社の境内に開設された。掘出神社は1663年に創建された神社で，名前は常陸水戸藩の２代藩主・徳川光圀がご神体となる鏡を発掘したことに由来する。「掘って出た神社」と「ほしいも」の「いもは掘るもの」をかけて「ほしいも神社」と名付けられた。「ほしいも神社」は掘出神社の宮司が2016年に発案し，ひたちなか市商工会議所などの協力を得て完成にこぎ着けた。神社には干しいもを広めた宮崎利七をはじめとした先人５人が祀られている。「御利益は『ホシイモノ（欲しいもの）はすべて手に入る』」となっており，「農業，漁業，ものづくり（工業）の全ての産業にご利益がある，ほしいも聖地としたい」という願いがこめられている。

さらに干しいもを巡る動きはグローバルにも展開し始めており，隣接する東海村で干しいもを生産する農業法人は近年，アフリカのタンザニアでの干しいも生産に乗り出している。同法人は茨城県内で最初に設立されたの農業法人で，特に社会的責任への意識が農家と農業法人との最も大きな

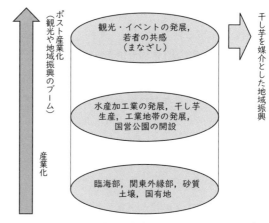

図3　ひたちなか市が若者の共感を得るまでの地域再編のプロセス

違いであることを強調している法人である。それゆえに環境などへの意識が特に高く，かつグローバルな視点で農業経営を行っている。タンザニアでの展開はまだまだこれからだが，茨城県の干しいも（栽培）が世界進出した先駆的な事例となっている。

4　ポスト産業化時代の地域振興の見方
―地理学による地域資源の捉え方―

地域振興に若い世代の参画を想定した場合には，従来の地域振興の見方・考え方では地域振興が難しい。それは，特に若い世代にとっては場所や空間，地域が従来の意味を失っているからであり，人と場所や空間，地域とのつなげる紐帯が変化しているからである。本章で取り上げたひたちなか市の事例をみれば，それは趣味を通じて自己を実現できる自身のライフスタイルの一部としての場所や空間であり，そのような場所や空間にとりわけ若い世代は共感をおぼえ，結果としてそのような場所や空間を有する地域やそれらを表象する地域への関心を強くするということである。しかし，過言すればこれは「自身（が共感を得る）の地域を大事にする」ということであり，これは昔から変わらないことであり，地域と人をつなげる紐帯が「産業」から「ライフスタイル」へと変化したのであり，ポスト産業化時代には当然のこととともいえる。重要なのは「誰が？」

が「どのように？」共感を得る場所や空間を創出するかである。ひたちなか市の事例から考察できることは、「誰が？」は「地域内外の多様なアクター」であり、「どのように？」は「多様なアクターが場面によって緩くつながりながらコラボレーション（協働）する」ということである（注4）。「多様なアクター」には従来から指摘されてきたいわゆる各分野におけるプロやリーダーシップを発揮できるアクターが含まれるが、ポスト産業化時代の地域振興のためのアクターにはプロやリーダーだけでは不十分で、社会的なアントプレナーと呼ばれるようなアクターが最も重要になる。社会的なアントプレナーは、地域を従来とは異なった視点でみることができる上に、長らく地域に根差した中小企業のようなスモールビジネスの視点に立ちその良さを引き出すこともできるアクターである。そして、それらのアクターが「多様なアクターが場面場面によって緩くつながりながらコラボレーション（協働）する」ということであるが、近年は産業界でも指摘・試行されているように、多様なアクターが強固につながるのではなく、場面場面（プロジェクト）ごとに緩くつながり、できる限り各アクターに直接的に、あるいは間接的に社会経済的なメリットがもたらせるようなつながり方が重要となる。

　長らく地域に根差したスモールビジネスは、本章の事例に限らず複数の「顔」をもつことが多く、複数の「顔」によって複数の仕事を組合せることで存立基盤を固め持続性を高めてきたことが多い。地理学の分野では長らく兼業として分析されてきた形態であるが、著者の研究フィールドの1つであるドイツではさらに一歩進んで「複数の顔をもつスモールビジネスが内在する有機的なつながりが生み出すシステム」を強調して「プルーリアクティビティ（ドイツ語ではErwerbskombination）」と呼び、その形態を肯定的に解釈し、組合せ自体よりもその組合せが生み出す有機的なつながりに着目してきた。今回の事例で特筆すべきことは、ドイツの「プルーリアクティビティ」のように地域内外の多様なアクターによってスモールビジネスが内在する複数の「顔」が肯定的に解釈され、スモールビジネスが有機的なつながりのなかに組み込まれたということである。

　最後に地理学という観点からは、いかに共感を得つつアクターのコラボレーションを創出するような地域資源を見出すかということが最も重要になる。ひたちなか市の事例は、干しいもが地域振興との相性の良い地域資源であること

を示していたが，厳
しい環境でも栽培し
やすく古くから救荒
作物であったかん
しょから作られる干
しいもは，もともと
社会的な課題とのつ
ながりやすさを内在

（地域振興のための電子カルテ）
・大きなテーマは地域振興だが，まずは以下をチェック！
①共感を得られる場所や空間を有した地域なのか？
　共感を得られるような地域資源はあるのか？
　←定的な，定量的な地域分析
②地域のアクターと共感を鍵概念に外部アクターを検討する。
③地域振興の可能性ある地域資源やテーマを検討する。
　←緩い横のネットワークによるワークショップ型の手法の導入

図4　地域振興のための地域の見方・考え方

しているのである。そしてそれが嗜好品や健康品という現代的な価値を得て飛
躍したのである。干しいもだけでなく，長らく地域に根付いてきたものには概
ねいつの時代にも通用するものがあり，特に地域資源の研究の蓄積のある地理
学は地域資源を時代時代でどう解釈するかを検討することに長けている。図4
に示したように地域振興に地理学が果たす役割は大きく，著者は今後ますます
地域振興には地理学的手法と知見が必要とされると考えている。

注
1) ここでは紙幅の関係で場所と空間の違いには言及しないが，場所と空間の議論も地理学の大き
　なテーマである。
2) 豪州を中心に欧米では日本に比べてかなり以前から指摘されてきたテーマである。実際の地域
　活性化については馬場ほか(2017)が読みやすい。
3) ひたちなか市に次ぐのが隣接する東海村で，東海村の生産量は茨城県の総生産量の約1割を占
　めている。データは2006年度のもので，先崎(2010)などを参照した。
4) 本章の事例は新商品の開発が主目的であったため，コ・クリエーション（共創）ではなくコラボ
　レーション（協働）の事例だと考察した。また，茨城県では環境や福祉といった点で共感を得る
　ような事例がまだまだ少ない。
5) 鋭い観察力はホスピタリティマインドの基礎でもあり，ホスピタリティは次世代のクリエイ
　ティブ分野として注目されている。

参考文献
1) 馬場正尊ほか(2017)：「CREATIVE LOCAL：エリアリノベーション海外編」学芸出版社.
2) 菊地俊夫(2018)：「ツーリズムの地理学：観光から考える地域の魅力」二宮書店.
3) 先崎千尋(2010)：「ほしいも百年百話」茨城新聞社.

「地域振興」に役立つ「地」の「理」の「学」びをさらに深める一冊
菊地俊夫 (2016)：「フードツーリズムのすすめ－スローライフを楽しむために－」フレグランス
　ジャーナル社.

あとがき

　大学院生であった私は，ある先生の阿武隈山地などのブナ帯地域のフィールド調査に同行した際，その先生がよく口にしていた言葉が気になっていた。それは，「地理を学べば，人生が百倍楽しくなる」という言葉であった。大学院生であった私はその言葉を何となく記憶に留めていたが，その時は重要とは思わず，聞き流していたにすぎなかった。それから40年ぐらいたった現在，「地理を学べば人生が百倍楽しくなる」という言葉は名言だなと思うようになっている。地理の勉強や研究は，その基本が「地」の「理」を「学」ぶことであり，小学生からシニアの年齢に至るまで，年齢に応じて無理なく続けることができるからである。加えて，年齢を重ねることにより，知識や経験の積み重ねが「地」の「理」の「学」びに深みを与えることになり，地理の学びが人生にさまざまな喜びや楽しみを与えることにもなっている。

　本書で述べてきたように，「地」の「理」の「学」び方はさまざまであり，地理学の分野によっても異なるかもしれない。しかし，小学生からシニアまで誰でも簡単にできる共通した方法は風景をみることであり，風景としての景観を読み解くことである。地表上の景観は地域の基盤となる環境（自然環境，歴史・文化環境，社会・経済環境，生活環境など）だけでなく，地域を取りまくさまざまな環境も投影したものになっている。そのため，私たちは地域の景観を観察し，そこに表れた「地」の「理」を地域に関連する諸環境から総合的，複眼的に読み解くことにより明らかにすることができる。このように，「地」の「理」の「学」び方の1つとして地域の景観を読み解くことは，小学生からシニアの年齢に至るまで老若男女問わず，あるいはアマチュアの地理の愛好家でも，プロの地理学の研究者でも行うことができる。しかも，景観の観察と分析の方法は費用をあまりかけることなくでき，自分の体力や知力に応じて，あるいは個々の都合に応じて行うことができる。

　「地」の「理」の学び方としても景観分析のもう1つの利点は，いつでもどこでも行えることであり，その意味でも地理はよりよく人生を楽しむことができる方法となる。例えば，外国でフィールドワークを行なう時によくあることだが，

言葉の不自由さから，こちらの意図がうまく伝わらず，資料収集や聞き取り調査がうまくいかなことが少なからずある。そのような時には気落ちすることなく，誰にも気遣う必要のない景観の観察や分析を行えばいい。景観の観察や分析は聞き取り調査がうまくいかなかったことを忘れさせてくれるだけでなく，満足できる知見を少なからずもたらしてくれる。つまり，景観の観察や分析はいつでもどこでも誰でもできる地理学の方法であり，それは地理の研究が楽しく続けられる理由でもなっている。

　景観分析と同様に，忘れてはならない「地」の「理」の「学」び方が地図の活用である。地図の活用もいつでも誰でも，どこでもできる「地」の「理」の「学」び方の1つである。地図は多くの地域で簡単に手に入れることができるし，国内であれば国土地理院発行の地形図を利用することもできる。また，外国でも，日本の国土地院と同様の機関が地形図の発行を担っており，地形図の入手と利用は比較的容易である。地形図を読み解くことにより，「地」の「理」を「学」ぼうとする対象地域の地形や土地利用が，あるいは交通ネットワークから他地域との近接性や関係性がある程度理解することができる。しかし，地図を読み解くためには年齢にともなう知識の積み重ねと経験が必要であり，そのことも「地理を学べば人生が百倍楽しくなる」という考えに通じるものとなっている。したがって，地図の利用もいつでもどこでも誰でも手軽にできる「地」の「理」の「学」び方の1つといえる。

　地理を学び，人生を百倍楽しむために，「地」の「理」の「学」び方を知ることはいつでもどこでも誰にでもできることである。本書を読んだ皆さんは，「地」の「理」の「学」び方を知り，さまざまな「地」の「理」の想像の翼を思い切り広げ，地理を楽しむことができるようになるだろう。そして，いろいろな地域で興味ある現象の意味や存在理由，あるいは秩序や法則性も見つけることができるようになるだろう。

　最後になってしまったが，本書をまとめるにあたり，二宮書店編集部の皆様にはお世話になった。記して感謝申し上げる。

2021年3月1日
執筆者を代表して　菊地俊夫

◎編著者略歴

菊地　俊夫

東京都立大学都市環境学部教授。理学博士。筑波大学大学院地球科学研究科修了後，群馬大学教育学部助教授，東京都立大学理学部助教授を経て，現職。専門は農業・農村地理学，観光地理学。主な著書・編書は，『日本の酪農地域』(大明堂)，『持続的農村システムの地域的条件』(共著，農林統計協会)，よくわかる観光学『自然ツーリズム学』，『文化ツーリズム学』，編著，朝倉書店)，『フードツーリズムのすすめ』(フレグランスジャーナル社)，『ツーリズムの地理学』(編著，二宮書店)など多数。

◎執筆者一覧(五十音順)

有馬貴之	横浜市立大学 国際教養学部准教授	高橋環太郎	秋田大学教育文化学部講師
飯塚　遼	帝京大学経済学部講師	張　貴民	愛媛大学教育学部教授
大石太郎	関西学院大学国際学部教授	堤　純	筑波大学生命環境系教授
太田　慧	高崎経済大学地域政策学部講師	松井圭介	筑波大学生命環境系教授
小原規宏	茨城大学人文社会学部准教授	松本　淳	東京都立大学都市環境学部教授
菊地俊夫	東京都立大学都市環境学部教授	松山　洋	東京都立大学都市環境学部教授
杉本興運	東洋大学国際観光学部准教授	矢部直人	東京都立大学都市環境学部准教授
鈴木晃志郎	富山大学人文学部准教授	若林芳樹	東京都立大学都市環境学部教授
鈴木毅彦	東京都立大学都市環境学部教授	渡邊眞紀子	東京都立大学都市環境学部教授

地の理の学び方　地域のさまざまな見方・考え方

令和3年3月25日　第1版第1刷発行

編著者	菊地 俊夫
発行者	大越 俊也
発行所	株式会社 二宮書店

〒101-0047　東京都千代田区内神田1-12-6
大森内神田ビル2階
Tel. 03-5244-5850
振替 00150-2-110251

印刷・製本　半七写真印刷工業株式会社

https://www.ninomiyashoten.co.jp/